礼　记

LIJI

〔西汉〕戴　圣◎编

光明日报出版社

图书在版编目（CIP）数据

礼记 /（西汉）戴圣编 . -- 北京 : 光明日报出版社，
2014.6（2024.3 重印）
（光明岛）
ISBN 978-7-5112-6325-4

Ⅰ . ①礼… Ⅱ . ①戴… Ⅲ . ①礼仪－中国－古代
Ⅳ . ① K892.9

中国版本图书馆 CIP 数据核字（2014）第 069485 号

礼记
LIJI

编　　者：〔西汉〕戴　圣

责任编辑：秦艳丽　　　　责任校对：王腾达
封面设计：博文斯创　　　　责任印制：曹　诤

出版发行：光明日报出版社
地　　址：北京市西城区永安路 106 号，100050
电　　话：010-67022197（咨询），67078870（发行），67019571（邮购）
传　　真：010-67078227，67078255
网　　址：http://book.gmw.cn
E－mail：lijuan@gmw.cn
法律顾问：北京德恒律师事务所龚柳方律师

印　　刷：北京一鑫印务有限责任公司
装　　订：北京一鑫印务有限责任公司
本书如有破损、缺页、装订错误，请与本社联系调换，电话：010-67019571

开　　本：150mm × 220mm　　　　印　　张：12
字　　数：150 千字
版　　次：2014 年 6 月第 1 版
印　　次：2024 年 3 月第 4 次印刷
书　　号：ISBN 978-7-5112-6325-4

定　　价：29.80 元

目　　录

曲礼上

敖不可长①,欲不可从②,志不可满,乐不可极③。

【注释】

①敖:郑玄读作“傲”,是傲慢的意思。王肃读作“遨”,意思是遨游。两者都能说通,后人较多跟随郑玄的解释。长(zhǎng):滋长。

②从:通“纵”,放纵。

③乐(lè):快乐,高兴。极:达到顶点。

【译文】

傲慢之心不可滋长,欲望不可放纵,志气不可自满,享乐不可没有节制。

贤者狎而敬之①,畏而爱之。爱而知其恶②,憎而知其善。积而能散③,安安而能迁④。临财毋苟⑤得,临难毋苟免。

【注释】

①狎:亲近而不庄重。这里指亲近。

②恶(è):此处指缺点或者毛病。

③积而能散:郑玄注:“谓已有蓄积,见贫穷者,则当能散以赒救之。”

④安安:前一“安”字,指安心适应的意思,后一“安”字指安逸显荣的生活和地位。

⑤苟:随便,侥幸。

【译文】

对于贤能的人,要亲近和尊敬他,敬畏而又爱慕他。对于自己所喜爱的人,要知道他的缺点和短处;对于憎恶的人,也能了解他的长处。能积蓄财富也能捐献财富造福于人。居安思危,能够及时改变处境。遇到财物不随便取得;面临危难也不轻易逃避。

礼,闻来学,不闻往教。[1]

【注释】

①礼,闻来学,不闻往教:孔颖达疏:“礼闻来学者,凡学之法,当就其师处,北面伏膺。不闻往教者,不可以屈师亲来就己。”郑玄注:“尊道艺也。”

【译文】

按照礼的要求,听说过有学生主动到师门拜师学艺的规矩,未听说老师反倒学生那里去施教的。

鹦鹉能言,不离飞鸟;猩猩能言,不离禽兽。今人而无礼,虽能言,不亦禽兽之心乎?夫唯禽兽无礼,故父子聚麀[1]。是故圣人作[2],为礼以教人,使人以有礼,知自别于禽兽。

【注释】

①父子聚麀(yōu):指父子共妻的乱伦行为。麀,牝鹿,母鹿。

②作:兴起。

【译文】

鹦鹉会学人说话,但始终是飞鸟;猩猩会学人说话,但始终是禽兽。如果作为人而不知礼,即使能说话,不也是禽兽之心吗?正因为禽兽不知礼,因此才会有父子共妻的现象。所以圣人兴起后,制定了一套用以教化人们的礼,使人们明白自己有别于禽兽。

礼尚往来[1]。往而不来,非礼也;来而不往,亦非礼也。

【注释】

①往:指对他人施以恩惠。来,指接受被施恩惠者的回报。

【译文】

礼讲究有往有来。只往不来，不是礼的规定；只来不往，也不合乎礼的规定。

人生十年曰幼，学。[①]二十曰弱，冠。[②]三十曰壮，有室[③]。四十曰强，而仕。[④]五十曰艾，服官政。[⑤]六十曰耆，指使。[⑥]七十曰老，而传。[⑦]八十、九十曰耄。百年曰期，颐。[⑧]

【注释】

①人生十年曰幼，学：郑玄注："名曰幼，时始可学也。"之后产生"幼学"一词，代指十岁。

②二十曰弱，冠：指的是人到了二十岁，便已成年，是该举行冠礼的时候了。曰"弱"，是因为孔颖达说："体犹未壮，故曰弱。"后产生"弱冠"一词，指男子二十岁。

③有室：娶妻，指男子三十岁。

④四十曰强，而仕：四十岁时人的身体各方面素质最强，即可出仕为官了。后产生"强仕"一词，指男子四十岁。

⑤艾：孔颖达说："年至五十，头发苍白如艾。"服官政：参与国家政务。

⑥六十曰耆，指使：意思是六十岁叫耆，这时候做事就可以役使别人了。后产生"耆指"一词，指男子六十岁。

⑦七十曰老，而传：七十岁叫作老，可以把家事交给子孙掌管了。后产生"老而传"一词，指男子七十岁。

⑧期：一百岁叫作期。颐：颐养天年，保养年寿。后产生"期颐"一词，指男子一百岁。

【译文】

男子长到十岁称作幼，这时候可以外出求学了。二十岁称作弱，这时候就该举行弱冠礼了。三十岁称作壮，这时候就该娶妻了。四十岁叫作强，这时候就该出仕为官了。五十岁称作艾，这时候就该参与国家的政务了。六十岁称作耆，这时候就可以指使他人了。七十岁称作老，这时候就该把家事的治理交给儿孙了。八九十岁的人称作耄。百岁老人称作期，颐养天年,儿孙要尽心供养。

凡为人子之礼:冬温而夏凊①,昏定而晨省②。

【注释】

①冬温而夏凊(qìng):冬天过得温暖,夏天过得凉爽。

②昏定:晚上为父母铺床安枕。晨省(xǐng):早晨向父母探望、问安。

【译文】

凡是为人子女的都应该做到这些,冬天让父母过得温暖,夏天让父母过得清凉;晚上服侍他们安寝,早晨向他们问候请安。

夫为人子者:出必告,反必面①。年长以倍,则父事之,十年以长,则兄事之,五年以长,则肩随之②。

【注释】

①出必告,反必面:实际为“出必告面,反必面告”,是互文句。

②肩随之:并肩随从。

【译文】

做儿子的,出门前一定告知父母,回到家后也要当面拜见。对于比自己年长一倍的人,要像待父亲一样侍奉;比自己年长十岁的人,要像对兄长一样;年长五岁的人可以并肩而行但稍稍居后。

孝子不服暗①,不登危,惧辱亲也。父母存,不许友以死②。不有私财。

【注释】

①服:行事,事。

②许:应许,许诺。

【译文】

孝子不在暗中做事,不心存侥幸做危险的事,害怕给父母带来不善教子的恶名。父母在世,不应许诺为朋友卖命,钱财由父母掌管,不能自己留下。

为人子者,父母存,冠衣不纯[1]素。孤子[2]当室,冠衣不纯采。

【注释】

①纯(zhǔn):镶边。

②孤子:年幼丧父的孩子。

【译文】

为人儿子的,如果父母在世,帽子衣服不可用素色镶边。主持家事的孤子,帽子衣服可用素色而不用彩色镶边,这样来表达其长久的哀思。

将上堂,声必扬。户外有二屦[1],言闻则入,言不闻则不入。将入户,视必下[2]。入户奉扃[3],视瞻毋回[4];户开亦开,户阖亦阖;有后入者,阖而勿遂[5]。

【注释】

①屦:鞋子,二屦,即两个人的鞋子。

②将入户,视必下:视,目光,视线。这里指怕冲撞他人的隐私。

③奉扃(jiōng):捧着门闩。这里指两手向心捧门闩状,表示神情严肃。

④回:指东张西望。

⑤遂:把门关死。

【译文】

客人即将进入主人家的堂室,一定要发出大的声音。看到门外有两双鞋子,听到屋里有人说话才能进去,否则就不进门。将要进门,视线要向下看。进门后要神情严肃,不要左顾右盼。进来门是开着的就让它开着;门是关着的就让它关着。如果后面还有来者,就把门轻轻关上,但不能关紧。

堂上接武①，堂下布武②。室中不翔③，并坐不横肱④。授立不跪⑤，授坐不立。

【注释】

①武：足迹。接武：指后脚印紧接着前脚印，足迹相接，小步慢走。

②布武：前后脚印间有一定距离，指大步而行。

③不翔：不可张开两臂走路。

④并坐不横肱：二人并排而坐，不能横起胳臂。

⑤授立不跪：把东西给站着的人自己不用跪。

【译文】

堂上走路要徐徐慢行，堂下可以大步走路。在室内不能甩开两臂飞跑，两人并排而坐，不要横起胳膊。给站着的人递东西自己不用跪，给坐着的人递东西自己不可站立。

毋剿说①，毋雷同。

【注释】

①毋：不能，不可以。剿说：剽窃、抄袭的意思。

【译文】

不能抄袭别人的东西，不能人云亦云，没有主见。

侍坐于君子，君子欠伸，撰①杖屦，视日蚤莫②，侍坐者请出矣。侍坐于君子，君子问更端，则起而对。侍坐于君子，若有告者曰："少间③，愿有复④也。"则左右屏⑤而待。

【注释】

①撰：拿取。

②蚤莫：蚤，通假字，通"早"。莫，暮的本字。

③间(xián)：空闲时间。

④复：报告。

⑤屏(bǐng):退避。

【译文】

陪坐在君子身边,看到君子打哈欠、伸懒腰、拿起手杖、穿鞋或者看时间,就该主动请辞。陪坐在君子身边,君子如果又换一个新话题,则起立回答。陪坐在君子身边,假如有人进来说:“占用一点儿空闲时间,有事情要说。”陪坐者要退避到听不见来人说话的地方,在那里等待片刻。

离[1]坐离立,毋往参焉。离立者不出中间。男女不杂坐,不同椸、枷[2],不同巾、栉[3],不亲授。嫂叔不通问。诸母不漱裳。外言不入于梱[4],内言不出于梱。女子许嫁,缨[5],非有大故[6],不入其门。姑、姊、妹、女子子[7],已嫁而反,兄弟弗与同席而坐,弗与同器而食。父子不同席。男女非有行媒,不相知名;非受币[8],不交不亲。故日月以告君,齐戒以告鬼神[9],为酒食以召乡党僚友,以厚其别也。取妻不取同姓,故买妾不知其姓则卜之[10]。寡妇之子,非有见焉,弗与为友。

【注释】

①离:偶,表示成双成对。

②椸、枷(yí jià):衣架的意思。单独一个椸字也表示衣架。

③巾、栉:毛巾和梳子,泛指盥洗用具。

④梱(kǔn):通“阃”,指古代妇女所居住的内室。

⑤缨:五彩丝绳,女子许嫁后用以束发,表示女子已有婚配对象,直到新婚之夜由丈夫亲手解下。

⑥大故:大的变故,灾祸丧病等一类事情。

⑦女子子:指女儿。

⑧受币:即男方向女方送的聘礼,从女方角度讲叫受币,另有纳币,是从男方的角度讲。纳币,等同于后代的订婚礼。

⑨齐(zhāi)戒以告鬼神:齐,通“斋”,斋戒。斋戒是古人在祭祀前要沐浴、更衣、洁食,精神上要摈除一切杂念。告鬼神:禀告祖先。女方家长

进行婚礼六礼中的每一环节都要在家庙中祭告祖先。

⑩取妻不取同姓:取,通"娶"。以下均同。从宗法、伦理的角度上来讲同姓不通婚。从生理角度讲,同姓相婚,"其生不蕃"。买妾不知其姓则卜之:卜,占卜。所谓"卜之",则是指卜买此妾的吉凶。

【译文】

两人坐在一起或站在一起,不经相邀,自己就不要再参与其中。遇到两人并排而立,不刻意往他们中间穿过。男女不可混杂坐在一起,不能共用衣架、毛巾和梳子,给东西不能亲手交接。小叔和嫂嫂之间不互相问候、交谈。不能让父亲的小妾给自己洗下身的衣裳。男子在外不谈论寝室里的事,女子在内不谈论国家大事。女子订婚之后,要佩戴表示已有婚配对象的五彩丝绳。没有大事,不能到婆家去。姑母、姐妹、女儿,出嫁以后回到娘家,兄弟不可同坐一席,不可同食一器。父亲与儿子不能坐在一张席子上。如果没有媒人往来提亲,男女之间不应互相知道名字;倘若女方还没有接受彩礼,尚未订婚,男女之间不能交往,不可亲近。所以,婚嫁的日期要告知君主,斋戒禀告先祖,置办酒席招待邻居、同僚、朋友,之所以这样郑重其事,就是为了强调男女之别。不能娶同姓女子做妻子,所以买妾不知道她的本姓,要通过占卜来判断吉凶。寡妇的儿子,除非他非常有见地和才能,否则不可和他交朋友。

父母有疾,冠者不栉,行不翔,言不惰①,琴瑟不御②。食肉不至变味,饮酒不至变貌,笑不至矧③,怒不至詈④。疾止复故。

【注释】

①言不惰:不说开玩笑的话。郑玄云:"惰,不正之言。"

②御:用,引申为弹奏。

③矧(shěn):齿龈。

④詈:骂,责骂。

【译文】

父母有疾病,成年的儿子由于心中忧虑,不注重装饰打扮,头发忘记了梳,走路也不像平时那样甩开双臂,不讲开玩笑的话,不弹奏乐器,肉也吃得少了，饮酒也不会喝到变脸色，不能开怀大笑，发怒也不至于到骂人的程度。父母病好后，做儿子的才恢复到平常的样子。

居丧之礼，毁瘠不形[①]，视听不衰。升降不由阼阶[②]，出入不当门隧[③]。居丧之礼，头有创则沐[④]，身有疡则浴，有疾则饮酒食肉，疾止复初。不胜丧[⑤]，乃比于不慈不孝。五十不致毁，六十不毁，七十唯衰麻在身[⑥]，饮酒食肉，处于内。

【注释】

①毁瘠不形：可以因为悲伤而消瘦，但不能形销骨立。

②不由阼阶：阼阶，东阶，供主人上下的台阶。父母刚刚去世，不忍从父阼阶上下。

③门隧：当门之中道。

④创：通假字，通"疮"。沐：洗头。

⑤不胜丧：因为悲伤过度坏了身体而不能承担丧事。

⑥七十唯衰(cuī)麻在身：衰，是孝服的意思，麻指的是腰上束的、头上缠的麻带。七十岁的人只需要在身上披麻戴孝即可。

【译文】

子女居丧的礼节，不能因为悲伤而形销骨立，视力与听力不可减退。上下堂不走父母常走的东阶，出入大门不走门外当门的中道。子女居丧的礼节：头上生疮允许洗头；身上长疮允许洗澡。发生生病这样的特殊情况，可以饮酒吃肉，病好后要和原来一样。如果因为太过悲伤而不能主持丧事，同不慈不孝没有分别。五十岁的人不可过分悲伤而损坏身体。六十岁的人，可以不因悲伤而消瘦。七十岁的人，身上披麻戴孝即可，允许喝酒吃肉，不必守孝，但要住在自己的居室内。

吊丧弗能赙[①]，不问其所费。问疾弗能遗，不问其所欲。见人[②]弗能馆，不问其所舍。赐人者不曰来取，与人者不问其所欲。

【注释】

①赙(fù):拿财物帮人办理丧事。

②见人:行人。

【译文】

不能用财物帮助丧事,就不要问办丧事的费用。问候病人如果没有送什么东西,就不要问病人想要什么。如果不能留宿行人,就不要问他住在哪里。赠送别人礼物,要派人送去,不可叫人来取。给人东西,不能问人想要什么。

适墓不登垄[1],助葬必执绋[2]。临丧不笑。揖人必违其位。望柩不歌。入临不翔。当食不叹。邻有丧,舂不相[3];里有殡,不巷歌。适墓不歌,哭日不歌。送丧不由径,送葬不辟涂潦。临丧则必有哀色,执绋不笑,临乐不叹,介胄则有不可犯之色。故君子戒慎,不失色[4]于人。

【注释】

①垄:冢,墓堆。

②绋(fú):出殡时用以拉柩车用的绳子。

③邻:五家为邻,另有"里",二十五家为里。相(xiàng):舂谷时的号子声。

④不失色:表情与场合不一致。

【译文】

到坟地时不登上坟头。参加葬礼必须带引棺索、助挽柩车。参加葬礼,不可嬉笑。作揖时必须起身离开原位。见到丧车,不可唱歌。去到丧家,走路不要甩开胳膊。吃饭时不能唉声叹气。邻居有丧事,即便在舂米也不可喊号子。邻里有停殡待葬的,不在巷子里唱歌。到墓地去不要唱歌。吊丧之日,别人在哭的时候也不要唱歌。送丧不要走小路捷径。送葬不要只顾自己避开路上的积水。参加丧事要有哀戚的表情,手拿拉柩车的绳子时不可嬉笑,欣赏歌舞奏乐时不要叹气,军容严整地披上铠甲戴上头盔,就要表现出不可侵犯的神态。所以君子要行为谨慎,不做表情与场合不一致的神态，不在人前失态。

礼不下庶人①，刑不上大夫②。

【注释】

①庶人：百姓，平民。

②刑：指滥用刑具给罪人带来的羞辱。

【译文】

礼是士大夫阶层能够讲究的，平民百姓可以不用讲究。士大夫犯了罪，惩罚时候要留有颜面，不能乱用刑罚而侮辱他们的人格。

父之仇①弗与共戴天。

【注释】

①父之仇：指杀父之仇。

【译文】

做儿子的对待杀父的仇人，不是你死就是我亡，不能共存于人世间。

卒哭①乃讳。礼不讳嫌名②，二名不遍讳③。逮事父母则讳王父母；不逮事父母则不讳王父母。君所无私讳④，大夫之所有公讳⑤。《诗》、《书》不讳，临文不讳。庙中不讳⑥。夫人之讳⑦，虽质君之前，臣不讳也。妇讳不出门。大功、小功不讳。⑧入竟而问禁⑨，入国而问俗，入门而问讳⑩。

【注释】

①卒哭：祭名。卒是终止之义。所谓“卒哭”，就是终止此前的无时不哭。卒哭之后，丧亲的悲痛有所缓和，改为早晚各一哭。

②嫌名：与人名同音不同体的字。

③二名不遍讳：遍，通常当作“偏”。郑玄说：“偏，谓二名不一一讳也。孔子之母名征在，言在不称征，言征不称在。”但也有学者认为“偏”

通"遍"。

④私讳：避免称呼自家尊长的名字，也叫家讳。

⑤公讳：避免称呼国君的名字。

⑥庙中不讳：这是有条件的。如果是祭祖，则讳祖不讳父，这叫作"尊无二也"。如果是祭父，那么父亲和祖先并讳，这叫作"於下则讳上"。

⑦夫人之讳：国君妻子的家讳。这是由于臣子和夫人之家恩远，所以不避夫人的家讳。

⑧大功、小功：五等丧服中的两等。五等丧服分别是：斩衰、齐衰、大功、小功、缌麻。斩衰、齐衰是与死者关系较亲近的亲属所穿的丧服，大功以下则是与死者关系较疏远的亲属所穿的丧服。

⑨入竟：竟，"境"的古字。是入境的意思，到新的地方。禁：禁忌。

⑩入门：进入别人家门。问讳：询问主人家的家讳。

【译文】

卒哭之祭后，不能直呼死者的名字。但是说与死者之名同音字是合乎礼的规定的，两字的名字可以只避讳一个字。侍奉父母时必须避讳祖父的名字，除此之外可以不用避讳祖父的名字。在君王面前不用避家讳，在大夫面前要避讳君王的讳。在《诗经》和《尚书》的书里不用避讳；写文章也不用避讳。庙中的祝词和祭文，不用避讳。臣子在君王面前说话，无须避讳君王夫人的家讳。妇人的名讳，仅在家门里避讳就行。但是关系较远的亲属，不用避讳。一旦到了新地方，必须先打听当地的禁忌，要做到入境随俗；到了一个新的国家，必须先打听这个国家的风俗；到别人家做客，要先打听主人的家讳，以便言谈中避开。

曲礼下

侍于君子①,不顾望而对②,非礼也③。

【注释】

①侍:陪从、伺候。君子:指尊长、有德行的人、有学问的人。

②顾望:环视。对:对答,回答。

③非礼也:是失礼的。

【译文】

陪坐在君子身旁,如果君子提出一个问题,自己贸然回答而不环视周围是否有胜于自己的人,这是失礼的行为。

君子已孤不更名①,已孤暴贵②,不为父作谥③。

【注释】

①已孤:指已经丧父,变成了孤儿。更名:改变、变换名字。

②暴贵:暴,突然。此处意思是突然发迹变成显贵。

③谥:指古代帝王或者大臣死后评定的称号。古代有地位的人,例如帝王、重要的后妃、贵族、大臣、士大夫死后,根据他们生前的功过,褒扬类的称号叫作“谥法”,批评类的称号叫作“下谥”。

【译文】

名字为父亲所取,有德君子在父亲过世之后不能更换名字。丧父之后,做儿子的突然身居显贵,也不需要给父亲加个美谥,如果那样做就是嫌弃父亲贫贱,不适合成为贵人的父亲。

居丧①,未葬读丧礼②;既葬读祭礼③;丧复常④,读乐章⑤。居丧不言乐[⑥],祭事不言凶[⑦],公庭[⑧]不言妇女。

【注释】

①居丧:这里是指居父母三年之丧。

②丧礼:指人死以后,下葬之前的一系列仪式都属于丧礼。仪式包括小敛、大敛、成服、朝夕奠、卜宅兆和葬日、穿圹、明器等。在丧礼期间,为了使孝子心无旁骛,不失礼数,只读丧礼一书,其他书都不能读。

③祭礼:孔颖达说:“祭礼,虞、卒哭、祔、小祥、大祥之礼也。”也就是说,下葬以后,大祥之前,历时二十五月,其间的所有礼数都属于祭礼。

④丧复常:意思是大祥除服之后。大祥,就是俗语中的“三周年”。

⑤乐章:指的是诗歌。读乐章,表示生活恢复正常,持丧已经结束。

⑥乐(yuè):所有的娱乐活动泛称为乐。古代的乐有乐曲、诗歌和舞蹈等。

⑦祭事:指祭祀之事。由于祭祀属于吉礼,所以谈论凶事是不合时宜的。

⑧公庭:处理公事的地方。

【译文】

在父母的丧期内,尚未葬之前,为了使孝子心无旁骛、不失礼数应研究丧礼;下葬之后孝子应研究祭礼;大祥除服后,守丧期满,生活恢复正常,就可以诵读诗歌了。在守丧期间不能有娱乐活动,祭祀时谈论凶事是不合时宜的,在办公的地方不谈和妇女有关的事。

君子将营宫室,宗庙为先,厩库为次,居室为后。[①]凡家造[②],祭器为先,牺赋[③]为次,养器[④]为后。无田禄者不设祭器,有田禄者先为祭服[⑤]。君子虽贫,不粥[⑥]祭器;虽寒,不衣祭服;为[⑦]宫室,不斩于丘木[⑧]。

【注释】

①君子:此处“君子”指国君。厩库,养马的地方称作厩,库是存放兵器之处,泛指储藏财物的库房。

②家：古代大夫也称家。

③牺赋：为祭祀所用的牺牲。

④养器：饮食所用的器皿。

⑤无田禄者不设祭器两句：由于祭器可以借用，祭服不可以借用，所以没田的人可以没有祭器，有田产的要准备祭服。

⑥粥（yù）：通"鬻"，卖，出卖。

⑦为：建造。

⑧丘木：墓堆坟头上的树木。

【译文】

国君如果想要建造宫室，必须先建宗庙，然后再建厩库，最后才能建自己的宫室。如果大夫想要制造家具，必须先造祭器，然后是征收牺牲，自己饮食所用的器具最后才造。没有田产基业的人，可以借用祭器而自己不置办；有田产基业的人，必须先要准备祭服。君子虽然生活贫困，不能把祭器卖出；虽无衣物抵御寒冷，也不能穿祭服；建造宫室，不能从墓堆上砍伐树木。

大夫见于国君，国君拜其辱；[①]士见于大夫，大夫拜其辱。同国始相见，主人拜其辱。君于士，不答拜也；非其臣，则答拜之。大夫于其臣，虽贱，必答拜之。男女相答拜也。[②]

【注释】

①辱：此处的辱意思是屈驾光临。

②男女相答拜也：尽管男女有别，但是互相答拜之礼不可少。

【译文】

大夫觐见进见主国国君，国君感谢他的屈驾光临要行拜礼。士进见大夫，大夫也要行拜礼感谢士的屈驾光临。一个国家的人第一次相见，不管身份高低，都应该由主人先行拜礼来感谢客人的光临。国君对于自己国家的士，不需要答拜；但对于其他国家的士，则需要答拜。大夫对于家臣，不管他的贵贱，都要答拜。男女之间也要互相答拜，这样的礼也不可少。

岁凶[1]，年谷不登，君膳不祭肺[2]，马不食谷，驰道不除[3]，祭事不县[4]；大夫不食粱[5]，士饮酒不乐[6]。

【注释】

①岁凶：年头不好，灾荒年。

②君膳不祭肺：膳，美食的别称。不祭肺，不杀牲，也就是食无肉。这里说国君以这种降低自己的膳食标准的做法，来表示“自贬损，忧民也”。

③驰道不除：驰道，专供国君驰走车马之道。这句意思是驰道上的野菜不除，以备饥民食用。

④祭事不县（xuán）：县，通“悬”，指钟磬等悬挂乐器。遇到祭祀之事，虽有悬挂的钟磬，但并不演奏。

⑤粱：意味精细小米。粱在古代属于美食，通常只吃黍稷，以粱为加食。

⑥乐：奏乐。

【译文】

年头不好，遇到灾荒年，五谷不收，庄稼没有收成，国君就降低自己的膳食，不再杀牲吃肉，不用谷物喂马，驰道上的草也不除，以备饥民食用。祭祀时虽有钟磬，但不再奏乐。大夫们不再吃精细的粮食，士人可以饮酒，可是不能奏乐。

君无故[1]玉不去身[2]。大夫无故不彻县[3]。士无故不彻琴瑟。

【注释】

①故：指灾病疾丧。

②玉不去身：玉不离身。古代君子以玉比德，故恒佩玉。

③不彻县：即不撤掉钟磬。

【译文】

国君如果没有重大疾病灾丧，身上必须佩戴玉，大夫如果没有重大疾病灾丧，家里必有钟磬，士人如果没有重大疾病灾丧，身边必有琴瑟。

为人臣之礼，不显谏[1]，三谏而不听，则逃之[2]。子之事[3]亲也，三谏而不听，则号泣而随之[4]。君有疾饮药，臣先尝之。亲有疾饮药，子先尝之。医不三世[5]，不服其药。

【注释】

①谏：古代对国君和长辈的言行提出的批评或规劝。显谏，则是指不讲究方法，直言批评或者规劝。后面的"三谏"意思是多次进谏。

②逃：离开。郑玄注："逃，去也。君臣有义则合，无义则离。"

③事：侍奉，服侍。

④则号泣而随之：意思是哭号着紧跟在父亲身后。

⑤三世：指父子相传，传到第三代。

【译文】

为人臣子的礼节，不可直言国君的过失，要注意方式、场合，不可有损其威严。多次向国君进谏而不被接受，臣子就可以离开他。做儿子的服侍父亲，多次规劝父亲改正过失，父亲也不听，也不可离开父亲，应该继之以号泣，希望感动父亲，使他知悟而改。国君生病吃药，臣子要代为先尝。父亲有疾吃药，儿子也要先尝。如果不是世代相传的医生开的药方，不能吃他的药。

天子死曰"崩"，诸侯曰"薨"，大夫曰"卒"，士曰"不禄"，庶人曰"死"[1]。在床[2]曰"尸"，在棺曰"柩"。

【注释】

①"崩"、"薨"、"卒"、不"禄"、"死"：这五个词都是死亡的意思，只不过由于死者的尊卑不同，对其死的称谓也不同。

②在床：意思是人死了，尸体停留在床上。

【译文】

天子死了，称为"崩"，诸侯死了称为"薨"，大夫死了称为"卒"，士死了称为"不禄"，庶人死了称为"死"。死者还在床上，叫"尸"；死者已入棺，叫"柩"。

凡挚[①],天子鬯[②],诸侯圭[③],卿羔[④],大夫雁[⑤],士雉[⑥],庶人之挚匹[⑦]。童子委挚而退[⑧]。野外军中无挚,以缨、拾、矢可也[⑨]。妇人之挚,椇、榛、脯、脩、枣、栗[⑩]。

【注释】

①挚:通"贽",见面礼的意思。

②鬯(chàng):古代祭祀时用的美酒。

③圭:也作"硅",是一种玉制的礼器。

④羔:羊羔。

⑤雁:用雁的意义,《白虎通》说:"取其飞有行列。"

⑥雉:野鸡。

⑦匹:后写作"鴄",家鸭。

⑧童子委挚而退:童子献给老师的礼品,放在地上以后就可以退下了。

⑨缨:驾车用的,绑在马颈上的皮带。拾:射鞲。古代射箭时使用的皮制护袖。

⑩椇(jǔ):枳椇,也叫拐枣。榛(zhēn):榛子。脯:肉干。脩:香料制成的干肉。这是新妇初见公婆的六种见面礼。

【译文】

凡是见面礼,天子用美酒,诸侯用玉器,卿用羊羔,大夫用雁,士用野鸡,庶人用鸭子。童子献给老师见面的礼品,老师不用答谢拜礼,学生可以放到地上便走。在野外军中没有合适的见面礼物,因地制宜,可以用马缨、射鞲和箭代替。新妇初见公婆的见面礼,是拐枣、榛子、肉干、香料制成的干肉、枣子、栗子。

檀弓上

孔子既得合葬于防[①],曰:“吾闻之,古也墓而不坟[②]。今丘也,东西南北之人也[③],不可以弗识也[④]。”于是封之[⑤],崇四尺[⑥]。孔子先反[⑦],门人后,雨甚至[⑧]。孔子问焉[⑨],曰:“尔来何迟也?”曰:“防墓崩[⑩]。”孔子不应[⑪]。三[⑫],孔子泫然流涕曰:“吾闻之:古不修墓。”

【注释】

①孔子既得合葬于防:孔子终于把父母合葬在防。防是鲁国地名。孔子幼而丧父,不知父殡何处,后经知情者告知,才得以使父母合葬。

②古:此处指殷代。

③今丘也二句:我是个四处奔波的人。

④不可以弗识(zhì)也:不可不做个标记,也就是立个坟头。

⑤封之:聚土。

⑥崇四尺:高四尺。

⑦反:通“返”,返回,回家。

⑧至:即门人后到达。

⑨焉:之,代指门人。

⑩防墓崩:防地的墓因为下大雨而坍塌了。

⑪不应:没有做出回应。

⑫三:即门人对孔子说了三遍“防墓崩”。

【译文】

孔子终于把父母合葬在防之后,说:“我听说,殷代的墓地上没有积土的。现在我是个四处奔波的人,一定要立个坟头,不可不做个标志。”于是就在墓地上聚土,高四尺。孔子先从墓地回到家里,弟子们还没有回家,一场大雨之后,弟子们才回家。孔子问弟子们,说:“为何回来得这么迟?”

弟子们回答说:“防地的墓因下大雨而坍塌了。”孔子没有做出回应。弟子们连说了三遍后,孔子伤心地流下眼泪,说:“我听说:古人是不在墓上积土的。”

曾子曰:“朋友之墓,有宿草①而不哭焉。”

【注释】

①宿草:意谓隔年的草。

【译文】

曾子说:“当朋友的坟上长了隔年的草,就不该伤心而哭了。”

曾子寝疾①,病②。乐正子春坐于床下③,曾元、曾申④坐于足,童子隅坐而执烛。童子曰:“华而睆⑤,大夫之箦⑥与?”子春曰:“止⑦!”曾子闻之,瞿然⑧曰:“呼!”曰:“华而睆,大夫之箦与?”曾子曰:“然。斯季孙⑨之赐也,我未之能易也。元起易箦!”曾元曰:“夫子之病革矣⑩,不可以变。幸而至于旦,请敬易之。”曾子曰:“尔之爱我也不如彼。君子之爱人也以德⑪,细人之爱人也以姑息⑫。吾何求哉?吾得正而毙焉,斯已矣⑬。”举扶而易之。反席未安而没⑭。

【注释】

①曾子:孔子弟子,即曾参。寝疾:卧病在床。

②病:比疾更严重称为病。

③乐(yuè)正子春:曾子的两名弟子。坐:古代的坐指臀部落于后足,相当于今天的跪。

④曾元、曾申:两个都是曾参的儿子。

⑤华而睆(huàn):漂亮并且光滑。

⑥箦(zé):铺在床上的竹席。这种竹席是大夫才能使用的,而曾子是士。

⑦止:停止,这里指别作声。

⑧瞿(jù)然:惊醒的样子。

⑨斯:这个。指代"箦"。季孙:人名,鲁国的大夫。

⑩病革(jí):病情严重、危急。

⑪君子之爱人也以德:君子的爱人是考虑怎样成全对方的美德。

⑫细人:小人。姑息:无条件地宽恕,苟且求安。

⑬得正而毙:能够合乎礼仪地死去。斯已矣:心愿已了。已,完毕。

⑭反:返回,放回。没:死。

【译文】

曾子卧病在床,病得很厉害。他的弟子乐正和子春跪坐在床下,他的儿子曾元、曾申坐在脚旁,一个小孩子手里拿着火烛,坐在角落里。他看到曾子床上铺的竹席,说:"这么漂亮而光滑竹席,是大夫用的竹席吧?"子春说:"别再说了!"曾子听到了,猛然惊醒过来,有气无力地呼了口气。小孩子又说:"这么漂亮而光滑的竹席是大夫用的竹席吧?"曾子说:"是的。这个竹席是季孙送给我的,我由于病重而疏忽没能把它换掉。元呀,扶我起来把席子换掉!"曾元说:"您的病已经很危险了,现在不可移动。等到明天天亮,再为您换掉它。"曾子说:"你爱我的心意还比不上那个小孩子。君子的爱人,是考虑怎样成全他的美德;小人的爱人,则是考虑如何让他苟且求安。此刻我还有什么好求的呢?我能够合乎礼仪地死去,我的愿望就满足了。"于是,他们抬起曾子为他更换竹席,换席之后,又重新把曾子放回竹席上,还没等到把曾子放好,曾子就断气了。

子夏丧其子而丧其明①。曾子吊②之曰:"吾闻之也:朋友丧明则哭之。"曾子哭。子夏亦哭,曰:"天乎!予之无罪也!"曾子怒曰:"商!女何无罪也?吾与女事夫子于洙、泗之间③,退而老于西河④之上,使西河之民疑女于夫子⑤,尔罪一也。丧尔亲,使民未有闻焉,尔罪二也⑥。丧尔子,丧尔明,尔罪三也⑦。而曰女何无罪与?"子夏投其杖而拜曰:"吾过矣!吾过矣!吾离群而索居⑧亦已久矣。"

【注释】

①子夏:姓卜,名商,字子夏,孔子弟子,以文学而著名。明:指眼睛的视力。

②吊:安慰、慰问。

③夫子:这里指孔子。洙、泗:是鲁国的两条河的名字,流经曲阜。孔子在洙泗之间传道授业。

④西河:战国魏地名。

⑤疑:通"拟",比拟。

⑥丧尔亲三句:指子夏在父母丧期之内,没有表现出有什么值得称道之处。

⑦丧尔子三句:指丧亲的哀痛还没有丧子的哀痛大。

⑧离群而索居:郑玄说:"群,谓同门朋友也。索,犹散也。"离群索居,离开朋友独自居住,就很难听到朋友的规过之言。

【译文】

子夏因为儿子死了而哭瞎了眼睛。曾子去安慰他,说:"我以前听说,朋友眼睛失明,应该为他难过得哭一场。"说完曾子就哭了。子夏也跟着哭,说:"天啊!我何其无辜,为什么会到如此地步!"曾子听后,愤怒地说道:"商!你怎么无罪呢?我和你都在洙、泗之间跟着我们的老师学习知识,年纪大了以后你就回到了西河,你并未说你的本领是师从于我们老师,也没有听说你如何称扬老师,致使西河的百姓把你比作我们的老师,这是你的第一条罪过。你在父母的丧期之内,也没有表现出什么值得称道的地方,并未让百姓看到你好的表现,这是你的第二条罪过。你的儿子死了,你就哭瞎了眼睛,说明你把儿子看得比双亲还重要,这是你的第三条罪过……你怎么说是没有罪过呢?"子夏听了就抛开手杖伏地下拜说:"是我错了!是我错了!我离开朋友而独居,很难听到朋友的规劝之言,时间也太久了!"

孔子蚤作[①],负手曳杖[②],消摇[③]于门,歌曰:"泰山其颓乎[④]!梁木[⑤]其坏乎!哲人其萎乎[⑥]!"既歌而入,当户[⑦]而坐。子贡闻之,曰:"泰山其颓,则吾将安仰?梁木其坏,哲人其萎,则吾将安放[⑧]?

夫子殆[9]将病也。”遂趋[10]而入。夫子曰:“赐!尔来何迟也?夏后氏殡于东阶之上,则犹在阼也。殷人殡于两楹之间,则与宾主夹之也;周人殡于西阶之上,则犹宾之也[11]。而丘也,殷人也[12]。予畴昔[13]之夜,梦坐奠于两楹之间。夫明王不兴,而天下其孰能宗[14]予?予殆将死也。”盖寝疾七日而没。

【注释】

①蚤作:蚤,通“早”,一早起来。

②负手曳杖:两手反交于背后,拖着手杖。

③消摇:又可写作“逍遥”,悠闲自得的样子。

④泰山其颓乎:泰山将要崩塌了吧?泰山,此处比喻孔子自己。

⑤梁木:房屋的大梁。也是孔子自喻。

⑥哲人:智慧超众的人。也指孔子自己。萎:生病。

⑦当户:面对着门。

⑧放(fǎng):依据,依靠。

⑨殆:大概。

⑩趋:快步。

⑪夏后氏殡于东阶之上六句:夏人把柩停在东阶之上,是把死者还当作主人对待的;殷人把柩停在两楹之间,那是介于宾主之间的位置;周人把柩停在西阶之上,那是把死者当作客人对待的。殡,停柩待葬叫作殡。东阶,也称阼阶,是主人上下的台阶。两楹,堂上的两根柱子,一根靠近东阶,一根靠近西阶。西阶,客人上下的台阶。

⑫而丘也,殷人也:孔子的祖先是宋国人,宋又是殷人之后,所以孔子自称殷人。

⑬畴(chóu)昔:从前,往日。

⑭宗:尊也。

【译文】

孔子早上起来,两手背后,拖着手杖,悠闲自得地在门外踱步,口中唱着:“泰山要崩塌了吧?大梁要折断了吧?哲人要生病了吧?”唱完歌后走进屋里,面对着门坐下。子贡听到歌声,说:“如果泰山崩塌,叫我们仰望什么呢？如果大梁折断、哲人凋零，我们又能依靠谁呢？听歌中的意思，夫子大概要生病了吧？”于是快步走到屋内。孔子说：“赐，你怎么来得这么晚呀！夏代停柩在东阶之上，那是还把死者当作主人对待的。殷人停柩于两楹之间，那是介乎宾主之间的位置。周人停柩于西阶之上，那是把死者当作宾客来看待的。我的祖先是宋国人，宋人是殷人后代，我也是殷人的后代。以前的一个夜里，我梦见自己安坐在两楹之间。既没有明王兴起，天下有谁会把我当作国君那样尊重呢？我感觉，我大概是快要死了吧。”果不其然，孔子大概病了七八天就去世了。

孔子之丧，门人疑①所服。子贡曰：“昔者夫子之丧②颜渊，若丧子而无服③。丧子路亦然。请丧夫子若丧父而无服。”

【注释】

①疑：疑惑。

②丧：哀悼。下同。

③若丧子而无服：就像哀悼自己的儿子但不穿丧服。

【译文】

孔子去世以后，他的弟子们都不知道该为老师穿哪一种丧服。子贡说：“以前老师哀悼颜渊，他的悲痛就像丧子一样，但不穿任何丧服。哀悼子路时也是如此。让我们哀悼老师，就像悼念父亲一样，在心里哀悼三年，但也不穿任何丧服。”

子路曰：“吾闻诸①夫子：丧礼，与其哀不足而礼有余也，不若礼不足而哀有余也②。祭礼，与其敬不足而礼有余也，不若礼不足而敬有余也③。”

【注释】

①诸：是“之于”的合音字。

②丧礼三句：即丧礼重视的是哀痛。礼有余，意思是冥器、衣衾之类过多。

③祭礼三句:即祭礼重视的是恭敬。

【译文】

子路说:“我听夫子说过:举行丧礼,如果是哀痛不足而只注重冥器衣衾之类的,还不如不注重冥器衣衾之类而哀痛有余;举行祭礼,如果是恭敬不足而只注重祭品,还不如不注重祭品而恭敬有余。”

幼名①,冠字②,五十以伯仲③,死谥④,周道也⑤。

【注释】

①幼名:指小孩出生三个月由父亲取名。幼,人出生三个月的时候。

②冠字:冠指年轻男子二十岁举行成人礼,取字是成人礼上的一个议程。

③五十以伯仲:人活到了五十岁更受尊敬。

④死谥:死了以后则称以谥号。

⑤周道也:这些都是周代的制度。

【译文】

小孩子出生三个月由父亲取名,则称呼其名,长到二十岁举行成人礼、取字之后,则称呼其字。五十岁以后只可称呼排行,比如,称呼为伯、仲、叔、季。人死后则称呼其谥号。以上各项都是周朝的制度。

丧服①,兄弟之子犹子也②,盖引而进之也;嫂叔之无服也,盖推而远之也③。

【注释】

①丧服:《仪礼》篇名,专门记载丧服制度,后世丧礼多对其参考。

②兄弟之子犹子也:据《仪礼·丧服》,父亲为长子以外的儿子和为其兄弟之子,都是穿齐衰不杖期的丧服。

③嫂叔之无服也二句:嫂子与小叔之间互相不穿丧服,这是为了表示男女有别而有意把关系疏远。

【译文】

丧服的规定：兄弟的孩子就像自己的亲生儿子一样，都穿齐衰不杖期的丧服，这是为了表示关系亲近而提高丧服等级；嫂子和小叔之间不用互相穿丧服，这是为了表示男女有别而有意把关系疏远。

有子①问于曾子曰："问丧于夫子乎②？"曰："闻之矣：丧欲速贫，死欲速朽。"有子曰："是非君子之言也。"曾子曰："参也闻诸夫子也。"有子又曰："是非君子之言也。"曾子曰："参也与子游闻之。"有子曰："然，然则夫子有为③言之也？"曾子以斯言告于子游。子游曰："甚哉！有子之言似夫子也。昔者夫子居于宋，见桓司马自为石椁④，三年而不成。夫子曰：'若是其靡也⑤，死不如速朽之愈也！'死之欲速朽，为桓司马言之也。南宫敬叔反⑥，必载宝而朝。夫子曰：'若是其货⑦也，丧不如速贫之愈也。'丧之欲速贫，为敬叔言之也。"曾子以子游之言告于有子，有子曰："然，吾固曰非夫子之言也。"曾子曰："子何以知之？"有子曰："夫子制于中都⑧，四寸之棺，五寸之椁，以斯知不欲速朽也。昔者夫子失鲁司寇⑨，将之荆⑩，盖先之以子夏，又申之以冉有⑪，以斯知不欲速贫也。"

【注释】

①有子：指孔子的弟子有若。有若提出此问是在孔子死后。

②问丧(sàng)于夫子乎：你曾经在夫子那儿听说过怎么对待丢掉官职的情况吗？丧，丢失，丧失。

③有为：有所针对，有所特指。

④桓司马：宋国大夫。桓是谥号，司马是官名。石椁：用石头制作的外棺。

⑤若：如果。靡：奢侈。

⑥南宫敬叔反：南宫敬叔，鲁孟僖子之子仲孙阅，盖尝失位，去鲁得反，载其宝来朝於君。反，通"返"。

⑦货：意思是以货贿干求禄位。

⑧制：制定规矩。中都：鲁国邑名。

⑨司寇：主管刑狱，官名。

⑩将之荆：即将要到楚国去。

⑪子夏、冉有：均为人名，是孔子的弟子。

【译文】

有子问曾子，说道："你曾经在老师那里听说过如何对待丢失官职吗？"曾子说："曾经听老师说过，丢失了官职，就想快点贫穷；死了，就想快点腐烂。"有子说："君子可不是说这样话的人。"曾子说："是我和子游一起听到老师这样讲的。"有子说："是的，老师即便这样说过。但是，他一定是有所特指才这样讲的。"曾子把他和有子的这些话告诉了子游。子游说："真是厉害，有子的话和老师的太像了！曾经老师住在宋国，看到桓司马为自己制造石椁，精雕细刻，耗费功夫，花了三年时间还没完工，夫子就说：'如果都像他这么奢侈，死了，还不如快点腐烂了才好。'死了最好快点腐烂，这是特指桓司马所说。南宫敬叔失去官职以后，每次回国，一定满载珍宝去拜见国君。夫子说：'像他这样通过行贿来求得官职，没有了官，还不如快点贫穷为好。'丢掉官职，最好快点贫穷，这是特指南宫敬叔所说的。"曾子又把和子游的这番对话告诉了有子，有子说："这样说才对了。我一直就觉得'这不像老师所说的嘛！'"曾子说："你是怎样知道的呢？"有子说："夫子当中都宰时，曾经定下这样的规定，内棺只可厚四寸，外椁只可厚五寸，凭这一点就可以知道老师不会主张人死了就快点烂掉的。还有，曾经老师丢掉了鲁国司寇的官职，即将到楚国去做官，就先派子夏去安排，接着又把冉有派去帮办，凭这一点就可以知道老师是不主张丢了官就速贫的。"

成子高[①]寝疾，庆遗[②]入，请曰："子之病革[③]矣，如至乎大病[④]，则如之何？"子高曰："吾闻之也，生有益于人，死不害于人。吾纵生无益于人，吾可以死害于人乎哉！我死，则择不食之地而葬我焉。"

【注释】

①成子高：齐国大夫。"成"是谥号，字子高。

②庆遗(wèi):齐大夫庆封的族人。

③病革(jí):病得厉害,病危。

④大病:此处指死,委婉地称为大病。

【译文】

成子高卧病在床。庆遗进来请示说:“您的病已经形势危急了,如果一旦有个三长两短,那么该怎么办呢?”子高说:“我曾经听说:‘活着应该是一个对别人有益的人,死了也不应该做一个对别人有害的人。’我纵然活着的时候于别人无益,难道我能死了还要危害别人吗?如果我死了,就挑选一块不长庄稼的地方把我埋葬好了。”

国子高[①]曰:“葬也者,藏也;藏也者,欲人之弗得见也。是故衣足以饰身,棺周于衣,椁周于棺,土周于椁,反壤树之哉!”

【注释】

①国子高:即成子高。

【译文】

国子高说:“葬,就是藏的意思。藏,就是不想让别人看见的意思。所以,只要衣服能够遮盖身体,内棺将衣服包住,外椁包住内棺,墓土能够容下外椁,这样就可以了。何必还要聚土成坟、种树为标志呢?”

檀弓下

晋献公之丧,秦穆公使人吊公子重耳[①],且曰:“寡人闻之:亡国恒于斯[②],得国恒于斯。虽吾子俨然在忧服之中[③],丧[④]亦不可久也,时[⑤]亦不可失也。孺子其图之[⑥]!”以告舅犯[⑦]。舅犯曰:“孺子其辞[⑧]焉!丧人[⑨]无宝,仁亲[⑩]以为宝。父死之谓何[⑪]?又因以为利,而天下其孰能说之[⑫]?孺子其辞焉!”公子重耳对客[⑬]曰:“君惠吊[⑭]亡臣重耳,身丧[⑮]父死,不得与于哭泣之哀[⑯],以为君忧[⑰]。父死之谓何?或敢有他志[⑱],以辱君义[⑲]。”稽颡而不拜[⑳],哭而起,起而不私[㉑]。子显[㉒]以致命于穆公。穆公曰:“仁夫公子重耳!夫稽颡而不拜,则未为后[㉓]也,故不成拜[㉔]。哭而起,则爱父也;起而不私,则远利也。”

【注释】

①晋献公:名诡诸,是春秋时晋国国君。秦穆公:名任好,春秋五霸之一。公子:除世子以外的国君之子的称呼。重耳是献公的儿子。

②斯:就在此时。意思是旧君死而新君未立的时刻。

③吾子:敬称,也有“您”的意思。忧服:指因父母死而在居丧期间。

④丧:服丧。

⑤时:时机。

⑥孺子其图之:请您考虑一下这件事!孺子,幼童的意思,此处引申为重耳为晋国国君继承人之意。

⑦犯:即狐偃,字子犯,是重耳的舅舅。

⑧辞:推辞。

⑨丧人:重耳自称,流亡在外的人。

⑩仁亲:指为人子者当以爱亲为宝。”

⑪父死之谓何:父亲死了意味着什么?换言之就是做儿子的遇到如此变故,正处在巨大的伤痛之中。

⑫而天下其孰能说之:谁能向天下人解释得清楚呢?

⑬客:说客,指秦穆公派来慰问的使者。

⑭君惠吊:承蒙贵国国君派足下来慰问。

⑮身丧:意思是自己流亡在国外。

⑯不得与于哭泣之哀:不能日夜兼程赶回国内在灵位前哭泣以抒发悲哀。

⑰以为君忧:让贵国国君为我担忧。君,指秦穆公。

⑱他志:谋取私利。

⑲以辱君义:从而玷辱了贵国国君的仁义!

⑳稽颡:叩头时额头稍停于地。行稽颡礼,表示孝子丧亲的哀痛。不拜:表示重耳现在根本没有考虑做国君继承人的事。

㉑不私:不再和使者私下交谈。

㉒子显:使者名字。

㉓后:指国君的继承人。

㉔故不成拜:意思是不成礼。

【译文】

晋献公去世后,秦穆公派人去慰问逃亡在国外的公子重耳,使者对重耳说:"敝国国君听说,丢掉君位和得到君位总是在旧君新死而新君未立的关键时刻。虽然说您现在正在居丧期间,但是服丧也不能太长久,时机不可错失,请您慎重考虑一下这件事!"重耳把使者说的这些告诉了他的舅舅。舅犯说:"您还是婉言推辞的好。逃亡国外的人没什么可珍贵的,只有热爱父亲的精神是宝贵的。做儿子的遇到父亲去世这样大的变故,正处在巨大的伤痛中。如果趁此机会谋取私利,这样做怎么能向天下人解释得清楚呢?所以您还是婉言谢绝的好。"于是,公子重耳对使者说:"承蒙贵国国君派足下来慰问流亡在外的臣子,我现在流亡国外,而父亲去世,不能日夜兼程赶回国内在灵位前哭泣抒发内心的悲哀,以使贵国国君为我费心担忧。可是,做儿子的遇到父亲去世这么大的变故,正处于巨大的伤痛中。就在此时,怎么能有自私自利之心,从而玷辱贵国国君的高谊呢?"说完以后,只叩头表示丧父之悲,而不像丧主那样向来使拜谢。而后哭着站起来,不再和使者私下交谈。使者子显向穆公回复。穆公说:"真是仁义的公子重耳啊!他只叩头却不拜谢,说明他不是以继承人自居,所以不成礼。哭着站起来,就像孝子要攀辕不让柩车启动,可见他是很爱他的父亲的。站起来以后就不再和使者私下交谈,说明他完全没有乘机谋利的想法。"

葬日虞[①],弗忍一日离也。是日也,以虞易奠[②]。卒哭曰"成事"[③]。是日也,以吉祭易丧祭。

【注释】

①虞:葬后祭名。虞也是安的意思。下葬后,当天中午将死者神魄迎于殡宫而祭之,以安其神魄。

②以虞易奠:孙希旦说:"葬前无尸,奠置于地。至虞,始立尸以行祭礼,故曰'以虞易奠'。"尸,代表死者接受祭享的活人,一般由死者的孙辈来代替。所说的"奠置于地",意思是将祭品置于地。

③卒哭:虞后祭名。从此要停止无时之哭。成事:指举行卒哭祭时祝词里的话,意味丧祭已经完成,吉祭从此而开始。

【译文】

下葬的当天就举行虞祭的仪式,在当天中午迎接死者神魄在殡宫祭奠,是因为孝子不忍心有一天和死去的亲人分离。这一天,将不用尸的奠改为开始用尸的虞祭。到了举行卒哭之祭时,祝就要致辞说明,丧祭已经完成,吉祭由此而开始。就在这一天,开始以吉祭来代替丧祭。

孔子谓:为明器者[①]知丧道[②]矣,备物而不可用也。哀哉!死者而用生者之器也,不殆于用殉乎哉[③]!其曰明器,神明之也[④]。涂车、刍灵[⑤],自古有之,明器之道[⑥]也。孔子谓为刍灵者善[⑦],谓为俑[⑧]者不仁,不殆于用人乎哉!

【注释】

①为:使用。明器:即冥器,中看不中用的随葬器物。

②知丧道:懂得办丧事的礼数。

③殆:接近,近乎。殉:古代用人或者物品随葬。

④其曰明器,神明之也:殉葬的器物之所以叫作明器,就是把死者当作神明来看待的。

⑤涂车:用泥土制成的车。刍灵:用茅草扎成的人马。涂车和刍灵都是随葬器物。

⑥明器之道:这就是明器的来龙去脉。

⑦孔子谓为刍灵者善:孔子认为发明刍灵的人心地善良。

⑧俑:古代殡葬用的木制或陶制的假人。

【译文】

孔子说:“使用明器殉葬的人,是真正懂得办丧事的道理的人,器物准备得很齐全,但都是些只能看不能用的东西。多么让人心痛啊!死了的人用活着的人使用的器物,那岂不近乎用活人来殉葬吗?殉葬的器物之所以叫作明器,意思就是把死者当作神明来看待的。用泥土做成的车,用茅草扎成的人和马,从古就有,这就是明器的来历。”孔子认为发明刍灵的人心地善良,还认为制作俑的是不仁,因为俑殉接近于用人殉啊!

有子①与子游立,见孺子慕②者。有子谓子游曰:“予壹不知夫丧之踊也③,予欲去之久矣。情在于斯④,其是也夫。”子游曰:“礼,有微情者⑤,有以故兴物⑥者;有直情而径行者,戎狄之道也。礼道则不然。人喜则斯陶,陶斯咏,咏斯犹,犹斯舞⑦,舞斯愠⑧。愠斯戚,戚斯叹,叹斯辟,辟斯踊矣⑨。品节斯⑩,斯之谓礼。人死,斯恶之矣;无能⑪也,斯倍⑫之矣。是故制绞、衾⑬,设蒌、翣⑭,为使人勿恶也。始死,脯、醢⑮之奠,将行,遣而行之,既葬而食之,未有见其飨之者也。自上世以来,未之有舍也,为使人勿倍也。故子之所刺于礼者⑯,亦非礼之訾⑰也。”

【注释】

①有子:指有若,孔子弟子。

②孺子:幼童。慕:小孩子哭泣着寻找父母。

③踊:丧礼中的节目。孝子因为悲痛至极,无法发泄,就要跳跃,叫作踊。

④情在于斯:孝子抒发伤痛的感情就像这个小孩子一样。

⑤礼:指礼的规定。微情:约束感情。

⑥以故兴物:通过穿着不同的丧服来触物生情。

⑦人喜则斯陶,陶斯咏,咏斯犹,犹斯舞:人们遇到高兴的事就感到开心,感到开心就想唱歌,唱歌还不尽兴就摇动身体,摇动身体还不尽兴就跳舞。犹,通"摇",摇动、晃动身体。

⑧舞斯愠:指到了跳舞这一步,就到达了高兴的极点。

⑨愠斯戚,戚斯叹,叹斯辟,辟斯踊矣:有了愠怒之心就会感到悲戚,悲戚则导致感叹,光感叹还觉得发泄得不够,于是就捶胸,捶胸还不够发泄,就要跳跃。

⑩品节斯:按等级、层次对感情加以节制。

⑪无能:意思是死人没有任何行为能力。

⑫倍:通"背",背弃。

⑬绞(xiáo):入殓时裹束尸体时的束带。衾:入殓时裹束尸体的衾被。

⑭蒌:通"柳"。古人将灵柩放在车上之后,在灵柩的周围设置一个如同尖顶帐篷形的木制框架,叫作柳,也叫墙。翣(shà):一种棺饰。

⑮脯醢:肉脯、肉酱。

⑯刺于礼:对礼的批评。

⑰訾:问题、毛病。

【译文】

有子和子游站在一起,看见一个幼童在哭泣着寻找父母。有子对子游说:"我完全不明白丧礼中的踊还要有一套规定,我早就想抛开这些限制性的条文了。孝子抒发失去父母的悲哀思慕的感情就像这孩子一样,只要是发自内心就可,您说是吗?"子游说:"礼的规定是用来约束人的感情的，有的是通过穿着不同的丧服来触物生情。由着自己的性子来，不受任何约束。那是戎狄这样的野蛮民族的做法。礼的做法则不是这样。人们遇到高兴的事就感到开心，感到开心就想唱歌。唱歌还不尽兴，就晃动身体。晃动身体还不过瘾，就跳舞。到了跳舞这一步，就已经到达高兴的极点了。有了愤怒的心就会感到悲伤，悲伤则导致感叹。光感叹还觉得发泄得不够，于是就捶胸。捶胸还不够味，那就要顿足跳跃了。发展到顿足跳跃这一步，就达到了愠怒的极点。按照等级和层次对感情加以节制，这些就叫作礼。人死以后就要被人厌恶；死人是没有任何行为能力的，人们就要背弃他。所以制作绞衾来遮盖尸体，设置翣来当作棺饰，就是为了不让人感到厌恶。人刚死的时候，用肉脯肉酱来祭奠他；即将出葬，又设送行的遣奠；下葬以后，还有一些馈食的祭祀。从来没有看到鬼神来享用祭品，但是也并不为此而抛掉祭祀，其目的就在为了让人不背弃死者。所以，您刚才提出的对礼的批评，也不能算是礼的毛病。”

知悼子[①]卒，未葬。平公[②]饮酒，师旷、李调侍[③]，鼓钟。杜蒉[④]自外来，闻钟声，曰：“安在？”曰：“在寝。”杜蒉入寝，历阶[⑤]而升，酌，曰：“旷饮斯！”又酌，曰：“调饮斯！”又酌，堂上北面坐饮之，降，趋而出。平公呼而进之曰：“蒉！曩者尔心或开予，是以不与尔言。尔饮旷何也？”曰：“子、卯不乐[⑥]。知悼子在堂，斯其为子、卯也大矣。旷也，大师也，不以诏，是以饮之也。”“尔饮调何也？”曰：“调也，君之亵臣也，为一饮一食，忘君之疾，是以饮之也。”“尔饮何也？”曰：“蒉也，宰夫也，非刀匕是共[⑦]，又敢与知、防[⑧]，是以饮之也。”平公曰：“寡人亦有过焉，酌而饮寡人！”杜蒉洗而扬觯[⑨]。公谓侍者曰：“如我死，则必毋废斯爵也。”至于今，既毕献，斯扬觯，谓之“杜举”。

【注释】

①知悼子：指晋国大夫荀盈。

②平公：指晋平公，名彪。

③师旷："师"是官名，指乐师。"旷"是名字，字子野。李调：平公的宠臣。

④杜蒉(kuài)：人名，平公的膳宰。

⑤历阶：一步跨越两个台阶。

⑥子卯不乐：殷纣王在甲子日死去，夏桀在乙卯日死去，所以人们把子卯这两天叫作疾日，也就是忌日，在这两天要停止奏乐，以自警惕。

⑦非刀匕是共：提供膳馐才是我的本分。刀与匕，是食器。共，通假字，通"供"，供给。

⑧防：谏诤国君的过失。

⑨觯(zhì)：酒杯，古代饮酒的器具。

【译文】

知悼子死了，还没有下葬，晋平公开始喝酒了，乐师旷和他的宠臣李调陪侍在一旁，还有鼓乐钟声伴奏。杜蒉从外面走进来，听到钟声，就问道："国君在哪里？"回答说："在正寝。"杜蒉就走到正寝，一步跨越两个台阶地登上堂去，倒了一杯酒，说："旷，你把这杯酒喝下去！"又倒了一杯酒，说："调，你把这杯酒喝下去！"然后又倒了一杯，面向北方在堂上坐着，自己把这杯酒喝下去，然后下堂，快步走了出去。平公喊住他，命他进来，说："蒉，我以为刚才你可能是存心启发我，所以没对你说话。你为何要命令师旷喝酒呢？"杜蒉说："子日和卯日这两天是国君的忌日，不敢奏乐，以自警惕。现在知悼子的灵柩还停在堂上，这比国君子卯两天的忌日更加重要，怎么可以饮酒作乐呢？师旷作为掌管乐的官员，却没有把这个道理汇报给您，所以罚他喝酒。"平公又问："你为何又命令李调喝酒呢？"杜蒉答道："李调是您宠爱的臣子，为了自己的吃喝，却忘记国君忌日，没有顾及国君的失礼之处，所以罚他喝酒。"平公又问："那么，你为何又要喝酒呢？"杜蒉答道："我是您的宰夫，我的本职工作是提供膳馐。但是现在竟敢越职谏诤国君的过失，所以也要自罚一杯。"平公说："我也有过失，倒杯酒来，也应该罚我一杯。"于时杜蒉把酒杯洗干净，倒满一杯酒，举起来递给平公。平公饮喝完以后，对身边的侍从说："即使是我死了，也不要把这只酒杯扔掉。"从那以后一直到现在，凡是向所有的人都献过酒后，再举起酒杯递给国君的动作，就称为"杜举"。

子路曰："伤哉贫也！生无以为养，死无以为礼也。"孔子曰："啜菽饮水，尽其欢[①]，斯之谓孝。敛首足形，还葬而无椁，称其财，斯之谓礼[②]。"

【注释】

①啜(chuò)菽饮水：喝豆粥，饮生水。换言之就是粗茶淡饭。尽其欢：父母在世的时候尽量让父母很开心。

②敛首足形四句：父母死后，尽管家中所有的衣服只够遮盖尸体，收敛之后立即就埋葬，有棺而无椁，但只要是根据自己的财力尽力办事，也可以说是符合丧礼的要求了。还(xuán)，立即，马上。按照礼的规矩，大夫、士、庶人三月而葬，诸侯五月而葬，天子七月而葬，所以郑玄注"还葬"云："还，犹疾也，谓不及其日月。"

【译文】

子路说："贫穷真叫人伤心啊！父母在世时没有什么可以供养，父母去世以后，也没有什么东西可以按礼数办丧事。"孔子说："父母在世时，即便是粗茶淡饭，也要尽量让父母开开心心，这也可以称之为孝顺。父母死后，尽管家中所有的衣衾只能够遮盖尸体，而且是敛罢立即就葬，只有棺但是没有椁，只要是根据自己的财力尽力办事，也就可以说是符合丧礼的要求了。"

虞而立尸，有几筵[①]。卒哭而讳[②]，生事毕而鬼事始已[③]。

【注释】

①虞而立尸，有几筵：虞，葬后祭名。尸，代表死者接受祭享的活人，一般由死者的孙辈充。几是案子，筵是席子。这两句话也可以这么说"虞前不立尸，没有几筵"。那么，祭品放在哪里呢？答曰：置于地。因为放在地上，所以葬前的祭不叫祭，而叫奠。奠，置也。

②卒哭：祭名。讳：避讳。

③已：有"也"的意思，语气词。

【译文】

从虞祭之后才立尸，才几案席子齐备。卒哭开始以后，避讳称呼死者的名字，因为以活人对待他的礼到此结束，从此开始以鬼神之礼对待他。

二名不偏讳①。夫子之母名“徵在”，言“在”不称“徵”，言“徵”不称“在”。

【注释】

①二名：由两个字组成的人名。偏：两种说法，有的学者认为当作“遍”，如段玉裁；有的学者认为“偏”通“遍”，如朱大韶。

【译文】

由两个字组成的名字，不必每个字都避讳。像孔子的母亲名叫“徵在”，说“在”字时就不再说“徵”，说“徵”字时就不再说“在”。

孔子过泰山侧，有妇人哭于墓者而哀。夫子式而听之①，使子贡问之曰：“子之哭也，壹似重有忧者②。”而曰：“然。昔者吾舅③死于虎，吾夫又死焉④，今吾子又死焉。”夫子曰：“何为不去也？”曰：“无苛政⑤。”夫子曰：“小子识之⑥！苛政猛于虎也！”

【注释】

①式：通“轼”，是古代车前的横木。这里是俯身凭轼，表示对墓中死者的尊敬。

②壹似：好像。重(chóng)有忧者：重，重复。有不止一件伤心事。

③舅：丈夫的父亲，也称公公。

④焉：代词兼语气词，指代“于虎”。

⑤苛政：暴政的意思。

⑥小子：老师对弟子的昵称。识(zhì)之：记住。

【译文】

孔子从泰山旁边经过，看见一个妇人在墓前哭得很悲伤，于是停车俯身凭轼专注地倾听。叫子贡去问那位妇人:“听您的哭声,好像不止有一件伤心事儿,像接二连三遭到不幸似的。”妇人回答道:“是的。过去我的公爹被老虎咬死了,接着我的丈夫又被老虎咬死了,而今我的儿子也被老虎咬死了。”夫子问道:“那为何不离开这里呢?”妇人回答道:“因为这里没有暴政。”夫子对弟子们说:“你们要记住,暴政远比老虎还要厉害啊!”

齐大饥①,黔敖为食于路②,以待饿者而食之③。有饿者蒙袂辑屦④,贸贸然⑤来。黔敖左奉食⑥,右执饮,曰:“嗟,来食⑦!”扬其目而视之,曰:“予唯不食嗟来之食,以至于斯也⑧。”从而谢焉⑨。终不食而死。曾子闻之,曰:“微与⑩!其嗟也可去,其谢也可食。”

【注释】

①大饥:严重饥荒。

②黔敖:人名。为食:做饭施粥。

③食(sì)之:给他吃。

④蒙袂:用衣袖遮住脸。辑屦:拖着鞋子。

⑤贸贸然:垂头丧气的样子。

⑥奉:端着、拿着。

⑦嗟,来食:意思是“喂,来吃吧”。不是恭敬地说,带有侮辱性质的语气。

⑧予唯不食嗟来之食二句:我正是不接受这种带有侮辱性的施舍才落到这步田地的。

⑨从:谓黔敖走近饿者。谢焉:向饿者道歉。

⑩微:无也,不也。与,叹词,也写作“欤”。

【译文】

齐国爆发了严重的饥荒,黔敖在路边准备饭食,以供路过饥饿的人来吃。有一个饥民,用袖子蒙着脸,无力地拖着脚步,垂头丧气地走了过来。黔敖左手端着饭食,右手端着汤,说道:“喂,吃吧!”那个饥民扬眉瞪起眼睛看着他,说:“我就是不接受这种带有侮辱性的施舍才落到这步田地的。”黔敖听了连忙追上饥民,表示道歉,但那饥民仍然坚持不吃,因而饿死了。曾子听说了这件事，说："恐怕不该这样吧？人家无礼地呼唤叫你吃，你当然可以拒绝；但是人家既然道了歉，也就可以吃了。"

晋献文子成室[①]，晋大夫发焉[②]。张老曰[③]："美哉轮焉！[④]美哉奂焉！[⑤]歌于斯，哭于斯，聚国族于斯。[⑥]"文子曰："武也得歌于斯，哭于斯，聚国族于斯，是全要领以从先大夫于九京也[⑦]。"北面再拜稽首[⑧]。君子谓之善颂、善祷[⑨]。

【注释】

①献：进献礼物，可引申为祝贺的意思。文子：指赵武，晋国卿大夫，"文"是他的谥号。

②发焉：携礼往贺。

③张老：晋大夫名。曰：致贺词。

④美哉轮焉：好高大啊！轮，盘旋屈曲而上，引申为高大。

⑤美哉奂焉：好漂亮啊！奂，盛大，众多。

⑥歌于斯三句：意思是在这样的新居祭祀奏乐，在此新居居丧哭泣，在此新居宴会国宾和同族。

⑦全要领：意思是不被刑戮而善终。要，通"腰"字。领，颈也。从先大夫：意思是追随已经去世的祖先。九京：当作"九原"。是地名，晋国卿大夫的墓地都在此处。由于按照古礼，被刑戮者不能入祖坟，所以才有此话。

⑧北面：面向北。再拜稽首：最隆重的拜礼。稽首指叩头到地，伏地停留片刻再起来，一般用于臣对君。

⑨善颂：擅长赞美。这里说的是张老。善祷：擅长祈福。这里说的是文子。

【译文】

晋国祝贺赵文子的宫室建成，晋国的大夫都前往祝贺。张老致辞说："这新房子多么高大！多么漂亮！从此以后，您就可以在这里祭祀奏乐，在这里居丧哭灵，在这里和朋友及族人聚会宴饮了。"文子回答说："我能在这里祭祀奏乐，在这里居丧哭灵，在这里和朋友及族人聚会宴饮，这表明我可以全尸善终,有资格进入九原的祖坟。”于是就朝北面再拜叩头表示感谢。君子称他们一个善于赞美祝福,一个善于祈福免祸。

王制

王者之制禄爵[①]，公、侯、伯、子、男，凡五等。诸侯之上大夫卿[②]、下大夫、上士、中士、下士，凡五等。

【注释】

①制：制定。禄爵：俸禄和爵位。

②上大夫卿：诸侯的卿均为上大夫，所以以上大夫、卿合为一等。

【译文】

天子为臣下制定俸禄和爵位，分为公、侯、伯、子、男，共五等。诸侯为其臣下制定的爵位，分为上大夫卿、下大夫、上士、中士、下士，也是总共五等。

制[①]：农田百亩[②]。百亩之分[③]，上农夫食九人[④]，其次食八人，其次食七人，其次食六人，下农夫食五人。庶人在官者[⑤]，其禄以是为差也。诸侯之下士视上农夫[⑥]，禄足以代其耕也。中士倍下士[⑦]，上士倍中士，下大夫倍上士。卿四大夫禄[⑧]。君十卿禄[⑨]。次国之卿，三大夫禄，君十卿禄。小国之卿，倍大夫禄，君十卿禄。

【注释】

①制：俸禄的分配制度。

②农田百亩：国家分给每个农户农田百亩。

③分：通"粪"，指土地的肥瘠。

④上：指农田等级，第一等的农田百亩称为上。农田的肥瘠程度分五等：上、其次（第二等）、其次（第三等）、其次（第四等）、下（第五等）。食（sì）：喂养，养活。

⑤庶人在官者:平民百姓在官府当差。

⑥视上农夫:他的俸禄比照受第一等农田的农夫。

⑦中士倍下士:诸侯中士的俸禄是下士的两倍。

⑧卿四大夫禄:大国诸侯的卿的俸禄是大夫的四倍。

⑨君十卿禄:大国国君的俸禄是卿的十倍。

【译文】

分配俸禄的制度这样规定:每个农户受田一百亩。百亩农田按其土地的肥瘠程度分为五等,第一等的百亩之田一个农夫可以养活九口人,第二等的百亩之田可以养活八口人,第三等的百亩之田可以养活七口人,第四等的百亩之田可以养活六口人,第五等的百亩之田可以养活五口人。平民在官府任职的,他们的俸禄也参照这个等级受田。诸侯的下士的俸禄相当于第一等田的农夫,他们的俸禄足可以能养活九口人。诸侯中士的俸禄为下士的两倍,上士为中士的两倍,下大夫的俸禄为上士的两倍。大国诸侯的卿的俸禄为大夫的四倍,国君的俸禄为卿的十倍。中等诸侯国的上卿的俸禄为大夫的三倍,国君的俸禄为卿的十倍。小国诸侯的卿的俸禄为大夫的两倍,国君的俸禄为卿的十倍。

天子、诸侯无事,则岁三田①:一为干豆②,二为宾客,三为充君之庖。无事而不田曰“不敬”,田不以礼③曰“暴天物”。天子不合围④,诸侯不掩群。天子杀则下大绥⑤,诸侯杀则下小绥,大夫杀则止佐车⑥。佐车止,则百姓田猎。獭祭鱼,然后虞人入泽梁⑦;豺祭兽⑧,然后田猎;鸠化为鹰,然后设罻罗⑨;草木零落,然后入山林。昆虫未蛰,不以火田。⑩不麛,不卵,不杀胎,不妖夭,不覆巢。⑪

【注释】

①岁三田:一年之中,进行三次田猎。

②干豆:将风干后的肉放在豆中,叫作干豆。

③礼:意思是田猎规矩。

④不合围:不应该四面合围。同下句的“不掩群”,都表示在田猎时不可斩尽杀绝。

⑤杀：意思是射杀猎物以后。下大绥：把指挥田猎的大旗放倒。

⑥止：停止、停下。佐车：帮助堵截和驱赶猎物的车。

⑦虞人：负责掌管山林川泽的官员。入泽梁：进入泽中设梁捕鱼。梁，为捕鱼而设的河中小坝。

⑧豺祭兽：这里是修辞手法，用发生的事情代替时间，指代九月，下文“鸠化为鹰”指代仲秋之月，下文“草木零落”指代十月。

⑨罻（wèi）罗：捉鸟所用的网。

⑩昆虫未蛰，不以火田：昆虫尚未蛰居地下，不可焚烧草木而田猎。火田指焚烧草木而田猎。

⑪不麛五句：不捕捉幼兽，不取鸟卵，不杀怀胎的母兽，不杀刚出生的小兽，不捣毁鸟巢。麛，本义是小鹿，在这里指小兽。

【译文】

天子、诸侯在政事不繁忙的时候，一年要进行三次田猎，第一是为了准备祭祀用的干肉，第二是为了招待宾客，第三是为了丰富天子、诸侯的饮食品种。天子、诸侯在没有战争和凶丧的情况下也不田猎，在祭祀和招待宾客上打折扣，就叫作不敬。田猎时不遵守该有的规矩，斩尽杀绝，随意捕杀，就叫作践天地所生之物。天子打猎应该围其三面，一面不围，诸侯打猎不能把成群的猎物赶尽杀绝。天子射杀了猎物以后，就要把指挥田猎的大旗放倒，诸侯把指挥的小旗放下。大夫射杀野兽后，就应该停下帮助驱赶野兽的副车。大夫协助驱赶野兽的副车停下以后，平民百姓开始田猎。正月以后，掌管山泽的官员才可以进入川泽设梁捕鱼。九月以后，才能开始田猎。八月以后，才可以设网捕鸟。到了十月，才可以进入山林砍伐树木。昆虫尚未蛰居地下的时候，不可以纵火焚烧草木而田猎。不捕捉幼兽，不取鸟卵，不杀怀胎的母兽，不杀刚出生的小兽，不捣毁鸟巢。

冢宰制国用①，必于岁之杪②。五谷皆入，然后制国用。用地小大，视年之丰耗。③以三十年之通制国用，量入以为出。祭用数之仂。④丧，三年不祭，唯祭天地社稷为越绋⑤而行事。丧用三年之仂。丧祭，用不足曰暴⑥，有余曰浩⑦。祭，丰年不奢，凶年不俭。国无九年之蓄曰不足，无六年之蓄曰急，无三年之蓄曰国非其国也。三年耕，必有一年之食；九年耕，必有三年之食。以三十年之通[8]，虽有凶旱水溢，民无菜色[9]，然后天子食，日举以乐。

【注释】

①冢宰：也叫作“太宰”，也就是后来的宰相。制国用：制定国家的经费预算。

②岁之杪(miǎo)：意思是年底。

③用地小大，视年之丰耗：意思是编制预算时，要考虑到国家的大小，年成的好坏，量入为出。

④祭用数之仂(lè)：祭祀的费用占国家经费预算总数的十分之一。

⑤越绋：意思是不受自家丧事的影响。绋，系在辅车上的绳索。这里指代私家丧事。

⑥用不足曰暴：超过了预算叫作暴。暴，损耗。

⑦有余曰浩：预算的钱没有花完叫作浩。浩，有剩余。

⑧通：意思是平均数。

⑨菜色：指饥民营养不良的脸色。

【译文】

太宰制定国家的经费预算，一定是在年底进行。国家的五谷全部入库以后，然后才能编制国家的经费预算。编制预算，要考虑国家的大小、年成的好坏，量入为出。根据三十年收入的平均数做依据来编制预算，要根据收入的多少来决定开支多少。祭祀的费用只能占每年收入的十分之一。如果有父母的丧事，三年内不祭祖宗宗庙，但天地社稷的祭祀不受自家丧事的限制，一定要照祭不误。丧事的费用是三年收入的十分之一。丧事和祭祀的开支，超过了预算叫作“暴”，还有盈余叫作“浩”。祭祀的开支花费，年成好也不可铺张浪费，荒年也不能过分节俭从简。一个国家如果没有九年的经费储备叫作准备不足，如果没有六年的经费储备叫作储备危急，如果没有三年的经费储备就可以说这个国家不能称之为国家了。耕种三年要有一年的余粮。耕种九年要有三年的余粮。以三十年收入的平均值来编制预算，哪怕遇到水旱频发的凶荒的年头，老百姓也不至于面有菜色，营养不良，然后，天子的饮食里才会顿顿有肉，而且吃饭时可以奏乐。

天子七日而殡，七月而葬。[①]诸侯五日而殡，五月而葬。大夫、士、庶人，三日而殡，三月而葬。三年之丧，自天子达[②]。庶人县封[③]，葬不为雨止，不封不树[④]，丧不贰事[⑤]。自天子达于庶人，丧从死者[⑥]，祭从生者[⑦]。支子[⑧]不祭。

【注释】

①天子七日而殡，七月而葬：天子死后七天停棺在正寝堂西，七月举行葬礼。据郑玄所说："尊者舒，卑者速。"意思就是地位越高的人，殡葬的时间越长、越从容。

②自天子达：意思是父母死，上到天子，下到平民百姓，统统都是服丧三年。

③县(xuán)封：悬绳将棺木葬入圹穴。县，是"悬"的古字。封，可作"窆"。

④不封不树：不在墓地上聚土为坟，也不在墓地栽树。郑玄解释说："至卑无饰也。"

⑤丧不贰事：服丧期间不做其他的事情。

⑥丧从死者：办丧事的规格依据死者的身份来定。

⑦祭从生者：祭礼的规格则依照孝子的身份来定。

⑧支子：庶子，除嫡长子以外的其他儿子。

【译文】

天子死后需要停棺七天，在七月份才举行丧礼。诸侯死后需要停棺五天，死后五月才举行葬礼。大夫、士和平民在死后三日就停棺正寝堂西，死后三月即举行葬礼。父母死，孝子要为父母居丧三年，上到天子，下到平民百姓统统都是服丧三年。普通百姓下葬，只可悬绳将棺木葬入墓穴，下葬不因为下雨而停止，照样埋葬，在墓地上不聚土成坟，也不栽种树木。服丧期间，孝子要在家一心一意地服丧，不做其他事情。上自天子下到百姓都应遵守这个规定。办丧事的规格要根据死者的地位来办理，而祭祀的规格则是根据主持丧礼的孝子的地位来办理。庶子不能主持祭祀。

天子七庙,三昭三穆,与大祖之庙而七。[1]诸侯五庙,二昭二穆,与大祖[2]之庙而五。大夫三庙,一昭一穆,与大祖[3]之庙而三。士[4]一庙。庶人祭于寝[5]。

【注释】

①天子七庙三句:从周代来说,太祖之庙就是始祖后稷之庙。后稷庙下是文王庙、武王庙。再往下是四亲庙,即高祖庙、曾祖庙、祖庙、父庙。昭穆,宗庙排列的次序。始祖以下,父庙曰昭,子庙曰穆,孙之庙又曰昭,曾孙之庙又曰穆。余可类推。由此可知,祖与孙永远昭穆相同。庙,古代用于供奉祖先的地方,七庙是个常数,不得超过,也不得减少。如有新死者,并不另建新庙,而是将高祖的神位迁入大宗庙内,曾祖以下递升,这样就会空出一庙,即为新死者之庙。每有新死者,即如此递迁一次,所以总是保持七庙不变。

②大祖:指太祖。

③大祖:此处"大祖"指大夫的太祖。

④士:指的是诸侯的中士、下士。诸侯的中士和下士只有一庙,上士则二庙。

⑤寝:正屋或正厅。

【译文】

天子设七庙:左边三个昭庙,分别是文王庙、高祖庙和祖庙,右边三个穆庙,分别是武王庙、曾祖庙、父庙,加上正中一个太祖庙,一共有七庙。诸侯只可设立五个庙,即高祖庙、祖二昭庙,曾祖庙、父二穆庙,加上太祖庙,一共五庙。大夫设立三庙,一个昭庙、一个穆庙,加上太祖庙,共三庙。士只设一庙。平民百姓祭祀祖宗在正屋,无庙。

凡养老[1]:有虞氏以燕礼[2],夏后氏以飨礼[3],殷人以食礼[4],周人修而兼用之[5]。五十养于乡[6],六十养于国[7],七十养于学[8],达于诸侯[9]。八十拜君命，一坐再至[10]，瞽亦如之[11]。九十使人受。五十异粻[12]，六十宿肉[13]，七十贰膳，八十常珍，九十饮食不离寝，膳饮从于游可也。六十岁制，七十时制，八十月制，九十日修。唯绞、紟、衾、冒，死而后制。五十始衰，六十非肉不饱，七十非帛不暖，八十非人不煖，九十虽得人不煖矣。五十杖于家，六十杖于乡，七十杖于国[14]，八十杖于朝，九十者，天子欲有问焉，则就其室，以珍从。七十不俟朝，八十月告存[15]，九十日有秩[16]。五十不从力政，六十不与服戎，七十不与宾客之事，八十齐丧之事[17]弗及也。

【注释】

①凡养老：孔颖达说："人君养老有四种，一是养三老、五更；二是子孙为国难而死，王养死者父祖；三是养致仕之老；四是引户校年，养庶人之老。"

②有虞氏：意思是虞舜时期。燕礼：规格较低的宴会。

③飨礼：规格较高的宴会。

④食礼：一种规格次于飨礼的宴会。

⑤兼用之：并用虞、夏、殷三个朝代的养老礼。

⑥乡：意思是乡学。

⑦国：指的是国中小学，在王宫的左面。

⑧学：指大学，在郊外。

⑨达于诸侯：养老的规定不仅天子遵守，诸侯也同样适用。

⑩一坐再至：跪下去连续磕头两次。

⑪瞽亦如之：因为盲人行动不便，也是如此。

⑫异粻（zhāng）：不同的粮食。意思是老年人吃比较精细的粮食，不和青壮年人吃一样的粮食。

⑭国：意思是国家的首都。

⑮八十月告存：孔颖达解释："告，谓问也。君每月使人致膳，告问存否。"

⑯九十日有秩：郑玄注："秩，常也。有常膳。"意思是国君每日供给常膳。

⑰齐丧之事：祭祀和丧葬之事。齐，通“斋”，斋戒。祭祀之前必须斋戒，这里是以斋来代表祭祀。

【译文】

所有宴请年龄大的人的宴会，虞舜时期用燕礼，属于规格较低的宴会。夏后氏用飨礼，属于规格较高的宴会。殷人用食礼，是仅次于飨礼规格的宴会，周人遵循古制，三种宴会礼并用。五十岁的老人就可以参加在乡学中举行的宴会，六十岁的老人就可以参加在王宫左面的小学中举行的宴会，七十岁的老人就可以参加在大学举行的宴会。诸侯国同样如此规定。八十岁的时候在拜受君命时，可以简化拜礼，只要跪下去连续磕头两次就可以了。盲人行动不便，拜守君命时可同八十岁的老人。九十岁的老人则可以让其他人代替自己拜受君命。五十岁以上的老人和青壮年吃不同的粮食，可以吃比较精细的粮食；六十岁以上的老人要预先制备有肉；七十岁以上的老人则除了主膳以外，要准备零食；八十岁以上的老人平常都要吃美味的食物；九十岁以上的老人由于饮食无时，所以所饮所食，不仅住处常有，而且无论走到哪里，都随身带有。人到了六十岁，做子女的就要为其准备需要一年时间才能做好的丧葬用品，七十岁的老人，子女就要为其准备需要一季时间才能做好的丧葬用品；八十岁的老人，子女就要为其准备需要一月时间才能做好的丧葬用品；九十岁的老人，子女就要为其准备需要一天时间才能做好的丧葬用品。像绞、紟、衾、冒等这样的东西，制作起来比较简单，所以死后再做也不晚。人到五十岁就开始衰老，六十岁以后除非吃肉否则就吃不饱，七十岁以后除非盖有丝绵否则就会感到身上不暖，八十岁以后除非有人暖被子否则就感到睡不暖和，九十岁以后即使有人暖被子也睡不暖和了。五十岁以后可以拄杖在家，六十岁以后可以拄杖在乡，七十岁以后可以拄杖在国都，八十岁以后可以拄杖上朝，九十岁以后，天子若有事询问，就要带上礼物派人到他家请教。大夫到了七十岁就可以不在朝里侍候，八十岁以后，天子要每月派人来问候安康，九十岁以后，天子要每天派人送食物来。平民到了五十岁就不服劳役，六十岁以后就不服兵役，七十岁以后就可以不再参与应酬宾客的活动，八十岁以后，就连祭祀丧葬这类重要的事情也不参与了。

凡三王养老皆引年[①]。八十者一子不从政[②]，九十者其家不从政，废疾非人不养者一人不从政。父母之丧，三年不从政。齐衰、大功之丧，三月不从政。将徙[③]于诸侯，三月不从政。自诸侯来徙家，期[④]不从政。

【注释】

①三王：指的是夏、商、周三代。引年：意思是根据户籍，核对年龄。

②政：通"征"，谓征召劳役。

③徙：迁徙，搬家。

④期(jī)：指一年。

【译文】

凡是夏、殷、周三代的天子举办的养老宴会，参加宴会的老人都要根据户籍来核实年龄。家里有八十岁以上老人的，可以有一人不必征召劳役。家里有九十岁老人的，全家的劳役都被免除。家里有必须依靠他人伺候的残疾人和生病的人，也可以免除一人的劳役。遇到父母过世，在三年守丧期间不用被征召劳役。遇到需要穿齐衰、大功丧服的亲属去世，可以三个月不应力役之征。将要从王畿迁徙到诸侯的家庭，临行之前免劳役三月；从诸侯迁徙到王畿的家庭，到达后免役一年。

少而无父者谓之孤，老而无子者谓之独，老而无妻者谓之矜[①]，老而无夫者谓之寡。此四者，天民[②]之穷而无告者也，皆有常饩[③]。

【注释】

①矜(guān)：通"鳏"，指没有妻子或者丧妻的男人。

②天民：天下所有百姓。

③常饩(xì)：固定的口粮，换言之就是补贴的粮食救济。

【译文】

年幼就失去父亲的人称作孤，老了却失去儿子的人称作独，年老而失去妻子的人称作鳏，年老而失去丈夫的人称作寡。这四种人，是天下所有百姓中最可怜而又求告无门的人,国家供给他们固定的口粮,对他们采取一定的生活补贴。

瘖、聋、跛、躃、断者、侏儒、百工[1]各以其器食之[2]。

【注释】

①瘖:口不能言,也指哑巴。跛:瘸子。躃(bì):亦作“躄”,足不能行。断者:指肢体残缺的人。侏儒:躯体矮小的人。百工:泛指各种手艺人。

②各以其器食之:这些人都靠着做点力所能及的工作由国家养活他们。

【译文】

哑巴、聋子、瘸子、不能行走的人、肢体残缺的人、躯体矮小的人以及各种手艺人,这些人都靠着做点力所能及的工作由国家养活他们。

道路:男子由右,妇人由左,车从中央。父之齿随行,兄之齿雁行[1],朋友不相逾。

【注释】

①齿:意思是年龄。雁行:大雁飞行时的排列,即在其旁而稍后。

【译文】

在道路上走路要遵循这样的规定,男子靠右走,妇人靠左走,车子从中央走。遇到和自己父亲年纪相当的人,要请他走在前边;遇到和自己兄长年纪相当的人,自己可以走在他旁边稍后一点的位置;和朋友一起走,不可争先恐后。

轻任并,重任分,[1]班白者不提挈[2]。

【注释】

①任:担子。

②班白者：头发花白，指老年人。提挈：用手提着。

【译文】

老年人与年轻人都挑着担子，如果担子较轻，年轻人应该把老人的担子一并放到自己肩上；如果担子较重，年轻人应把老人的重担分担过来一些。头发花白的老年人走路不必提着东西。

月令

孟春[1]之月，日在营室[2]，昏参中，旦尾中。[3]其日甲乙[4]。其帝大皞[5]，其神句芒[6]。其虫鳞[7]。其音角[8]，律中大蔟[9]。其数八[10]。其味酸[11]，其臭膻[12]。其祀户[13]，祭先脾[14]。

【注释】

①孟春：农历正月，即春季的第一个月。

②日在营室：太阳运行在营室的位置。营室，二十八宿之一，又叫定星。

③昏参（shēn）中，旦尾中：傍晚时，参星位于正南方。黎明时，尾星位于正南方。参星、尾星均是二十八宿之一。

④其日甲乙：孟春的吉日是甲乙。五行家将天干十日与五行相配，即甲乙配木，丙丁配火，戊己配土，庚辛配金，壬癸配水。又以五行配东南中西北和四季：东方、春季配木，南方、夏季配火，中央配土，西方、秋季配金，北方、冬季配水。

⑤大皞（tài hào）：指伏羲氏，传说中的古帝名。五行家认为他是以木德王，故将其尊为春季、东方之帝。

⑥句（gōu）芒：少皞氏的儿子，名重，死后被尊为木神。

⑦虫：古代对所有动物的总称。鳞：五虫中的一种。五行家又以五虫配五行：鳞虫配木，羽虫配火，倮虫配土，毛虫配金，甲虫配水。

⑧角（jué）：五声之一。宫、商、角、徵、羽，合称五声。五行家将五声与五行相配：宫配土，商配金、角配木、徵配火、羽配水。

⑨律：律管，用以定音的管子（铜制或竹制）。中（zhòng）：相应。大蔟（tài còu）：古代十二律之一。十二律分别为黄钟、大蔟、姑洗、蕤宾、夷则、无射、大吕、夹钟、中吕、林钟、南吕、应钟。

⑩其数八：与此月相配的数字是八。古人将从一到十这十个数字按奇偶分属天地，即天一，地二，天三，地四，天五，地六，天七，地八，天九，地十。而五行自水始，火次之，木次之，金次之，土最后。木为天三与地八。三是木的生数，八是木的成数。这里只说“其数八”，是言其成数。

⑪酸：五味之一。酸、苦、甘、辛、咸，合称五味。五行家将五味配地之四方及中央。酸配东方，苦配南方，甘配中央，辛配西方，咸配北方。

⑫臭（xiù）：气味。膻：五臭之一。膻、焦、香、腥、朽，合称五臭。五行家将五臭配地之四方及中央。膻配东方，焦配南方，香配中央，腥配西方，朽配北方。

⑬户：五祀之一。五祀指的是春祀户、夏祀灶、中央祀中霤、秋祀门、冬祀行。

⑭祭先脾：意思是首先要祭上脾脏。五行家将五脏配五行：脾配木，肺配火，肝配金，肾配水，心配土。孟春之月属木，所以五脏以脾脏为先。

【译文】

春季的第一个月：太阳运行在营室的位置；傍晚时，参星位于正南方；黎明时，尾星位于正南方。春季的吉日是甲乙，于五行属木。与此月相应的帝王是以木德王的大皞，与这个月相应的神是木官句芒。与这个月相应的动物是鳞虫。五声中与木相配的是角声，与这个月相应的是十二律中的大蔟。与木相配的成数是八。与木相配的五味是酸，五臭是膻。这个月要祭祀户神，祭祀时要首先祭上脾脏。

东风解冻，蛰虫始振①，鱼上冰②，獭祭鱼③，鸿雁来。天子居青阳左个④，乘鸾路⑤，驾仓龙⑥，载青旂⑦，衣青衣，服仓玉，食麦与羊。其器疏以达。⑧是月也，以立春。先立春三日，大史谒⑨之天子曰：“某日立春，盛德在木。”天子乃齐⑩。立春之日，天子亲帅三公、九卿、诸侯、大夫以迎春于东郊。还反，赏公、卿、诸侯、大夫于朝。命相布德和令⑪，行庆施惠，下及兆民。庆赐遂行，毋有不当。乃命大史守典奉法，司⑫天日月星辰之行，宿离不贷⑬，毋失经纪⑭，以初为常⑮。

【注释】

①蛰虫始振：蛰伏土中的动物开始苏醒。

②鱼上冰：意思是鱼游到接近冰层的位置。

③獭(tǎ)祭鱼：水獭将捕得的鱼陈列在水边，像祭食一样。

④青阳左个：即东向明堂的北室。明堂，古代帝王居住及宣布政教之所，其构造依五行：东向的叫青阳，南向的叫明堂，西向的叫总章，北向的叫玄堂，中央的叫太庙。除太庙只有一个太室外，其余东南西北四个正堂的两侧各有一室，叫个。左侧室叫左个，右侧室叫右个。共有四个正堂和八个侧室，帝王按照四时五行的运行，月居一室。

⑤鸾路：有銮铃的车子。鸾本是青色凤鸟，取其青色与五行之木相配。路，通“辂”，车。

⑥驾仓龙：用仓龙驾车。仓龙，青色的马。仓，通“苍”。八尺以上的马称为龙。

⑦载青旂：车上插着绘有青龙的旗子。

⑧其器疏以达：使用的器物纹理粗疏而通达。象征到了春季，万物将破土而出。

⑨大史：即太史。官名，掌管典法、礼籍和星历。谒：禀告。

⑩齐：通“斋”，斋戒。

⑪相：谓三公，即太师、太傅、太保。和令：宣布禁令。

⑫司：负责。

⑬宿：太阳所在的位置。离：通“丽”，依附。贷：通“忒”(tè)，差错。

⑭经纪：郑玄注：“谓天文进退度数。”

⑮以初为常：遵循旧法，以为常规。

【译文】

春风化冻，蛰伏土中的动物开始苏醒活动。鱼儿从水下浮到水面接近冰层的地方；水獭像祭祀一样把抓到的鱼陈放在岸边；鸿雁自南方飞来。这个月，天子居住在东向明堂的左侧房间，乘坐装饰有鸾鸟的车，用青色的高马驾车，车上插着绘有青龙的旗子，天子穿着青色的衣服，佩戴着青色的饰玉，吃的是麦与羊，祭祀所使用的器物纹理粗疏而通达，看起来简洁而通透。这个月的节气是立春。在立春前三天，太史拜见天子，向他禀告说："某日立春，木德当令。"于是天子斋戒。立春的那天，天子亲自带领三公、九卿、诸侯、大夫到东郊去举行迎春的祭祀。祭毕回朝，在朝中给公、卿、诸侯、大夫颁赐爵位和俸禄。并命令丞相发布德教，宣布禁令，实行褒奖，行善施惠，贯彻到所有百姓。褒奖赏赐之事，全部落到实处，没有不合适的。于是命令太史遵守六典，奉行八法，负责观测天上日月星辰的运行，太阳所在的位置，月亮所经的地方，都要计算得丝毫不差，要遵循旧章而不变。

是月也，天子乃以元日祈谷于上帝①。乃择元辰②，天子亲载耒耜③，措之于参保介之御间④，帅三公、九卿、诸侯、大夫，躬耕帝藉⑤。天子三推⑥，三公五推，卿、诸侯九推。反⑦，执爵于大寝⑧，三公、九卿、诸侯、大夫皆御⑨，命曰劳酒⑩。

【注释】

①元日：指上辛日，就是孟春之月的第一个辛日。祈谷：又叫祈年，祈求五谷丰登。

②元辰：吉时。

③耒耜：古代耕地的农具，类似犁的样子，犁柄叫耒，犁铧叫耜。

④措之于参保介之御间：将耒耜放在身穿甲衣的骖乘与驾车者之间。参，通"骖"，意思是骖乘，也叫车右，担负保卫的责任。第二个"之"字作"与"讲。御，驭者。

⑤躬：亲自。帝藉：天子为保证祭祀供给而借民力耕种之田。藉，借助。天子藉田千亩，名曰亲耕，实借民力。

⑥推：谓推耒耜入土，翻地。

⑦反：通假字，通"返"。

⑧执爵：举杯的意思，此处引申为设宴。寝：天子处理政务之所。

⑨御：陪同在天子身边，作陪。

⑩劳酒：慰劳之酒。

【译文】

在这个月里，天子于第一个辛日祭祀上天，祈求五谷丰登。又在这之后的第一个亥日，天子亲自用车拉着农具，把农具放在穿甲衣的骖乘和驾车人中间，并率领三公、九卿、诸侯、大夫亲自耕种借田。天子三次推耒耜进入土里，公推五次，卿和诸侯推九次。祭祀结束后返回，天子在处理政务的宫殿设宴，三公、九卿、诸侯、大夫全部陪侍，这次宴会叫作“劳酒”。

是月也，天气下降，地气上腾①，天地和同②，草木萌动。王命布③农事，命田舍东郊④，皆修封疆⑤，审端径术⑥，善相丘陵、阪险、原隰，土地所宜⑦，五谷所殖，以教道⑧民，必躬亲之。田事既饬⑨，先定准直⑩，农乃不惑。

【注释】

①天气下降，地气上腾：孟春之月，天气下降，阳气在下；地气上腾，阴气在上。

②天地和同：天地之气，也就是阴气及阳气和合混同。

③布：安排，规划。

④命田舍东郊：郑玄说：“田，谓田畯，主农之官也。舍东郊，顺时气而居，以命其事也。”

⑤封疆：土地的边界，疆界。

⑥审端：审正。径：田间小路。术：也作“遂”，田间的小沟。

⑦善相：仔细地视察。丘陵：小的土山叫丘，大的土山叫陵。阪险：斜坡叫阪，陡坡叫险。原隰：高而平的土地叫原，低而湿的土地叫隰。

⑧道：通假字，通“导”。

⑨饬：整顿、整治。

⑩准直：标准，准绳。这里指上文的封疆径遂均已厘清。

【译文】

在这个孟春之月里，阳气往下降，阴气往上升，阳气和阴气逐渐混合，和合在一起，花草树木开始生长萌芽。天子下命令安排春耕事宜，命令田畯住在东郊，监督农夫都来整治土地的边界，仔细视察和修整田间的小路和水沟，认真地考察丘陵、坡地、原隰各种土地适宜种植什么样的农作物，各类粮食作物应该种植在什么地方，把这些知识教导给农民。这些事都是田畯亲自来做的。田事都已整顿完毕，必须先做好封疆径遂的端正平直的标准工作，农民才不会有疑惑。

是月也，命乐正入学习舞[①]。乃修祭典[②]，命祀山林川泽，牺牲毋用牝[③]。禁止伐木。毋覆巢，毋杀孩虫、胎、夭、飞鸟，毋麑，毋卵。[④]毋聚大众，毋置[⑤]城郭。掩骼埋胔[⑥]。

【注释】

①乐正：指乐官之长。学：指大学。

②修：修订、整理。祭典：和祭祀相关的法典。

③牺牲毋用牝：祭祀用的牲畜不要用怀孕的母畜。

④毋覆巢，毋杀孩虫、胎、夭、飞鸟，毋麑，毋卵：据郑玄说："为伤萌幼之类。"即不杀害幼小动物。

⑤置：修建。

⑥掩骼埋胔：掩埋枯骨和尸骸。这主要是为了抑阴助阳。

【译文】

在这个月里，天子命令乐正到太学里教练舞蹈，同时修正整理和祭祀相关的法典。下令祭祀山林川泽，但祭祀用的牲畜不可以用母畜。禁止砍伐树木。不可以倾覆鸟巢，不允许杀害小虫子、已怀胎的母畜、刚出生的小兽、正学飞的小鸟，不准许捕捉小兽和掏取鸟卵。不能把民众聚集起来，不可以修建城郭。要把枯骨和尸体掩埋起来。

是月也，不可以称兵[①]，称兵必天殃。兵戎不起，不可从我始。毋变天之道[②]，毋绝地之理[③]，毋乱人之纪[④]。

【注释】

①称兵：举兵的意思。这是因为举兵和阳气背道而驰。

②天之道：举事阴阳顺时即天之道。

③地之理：指刚柔得宜。

④乱人之纪：指春季为仁，用兵为义。

【译文】

在孟春之月里，国家不可以大举兴兵，这是因为举兵和阳气背道而驰,所以举兵必定遭到天灾。要让士兵解甲休息,更不能从我方开始发动战争。发令行事,不能改变阴阳顺时,不可使刚柔相犯,不能使仁义违时。

孟春行夏令①,则雨水②不时,草木蚤落③,国时有恐④;行秋令,则其民大疫,猋风暴雨总至⑤,藜莠蓬蒿并兴⑥;行冬令,则水潦⑦为败,雪霜大挚⑧,首种不入⑨。

【注释】

①孟春行夏令:孟春之月实行夏季的政令。

②雨水:此处意为风雨。

③蚤落:提早凋零。蚤,通假字,通“早”。

④国时有恐:国都中经常会发生惊恐的事件。

⑤猋(biāo)风:暴风。猋,通“飚”。总(cōng)至:突然来到。总,通假字,通“匆”。

⑥藜莠蓬蒿并兴:意思是藜莠蓬蒿,蒺藜、莠草、蓬草和蒿草这样的杂草茂盛。

⑦水潦(lào):意思是水灾。潦,通“涝”。

⑧挚:通“至”。

⑨首种不入:意思是稷无法下种。郑玄注:“旧说首种谓稷。”

【译文】

如果孟春之月施行夏季的政令,就会导致风雨不调,草木过早地凋落,国都中经常发生让国人惊恐的事情。如果孟春之月施行秋季的政令,就会在百姓中流行严重的瘟疫,暴风暴雨突然来到,蒺藜、莠草、蓬蒿等这样的杂草都会生长茂盛。如果孟春之月施行冬季的政令,就会发生积水成灾的情况,发生下大雪和冰霜的情况,稷没有办法种植。

礼运

昔者仲尼与于蜡宾①，事毕，出游于观②之上，喟然而叹。仲尼之叹，盖叹鲁也。言偃③在侧，曰："君子何叹？"孔子曰："大道之行也，与三代之英，丘未之逮也，而有志焉④。大道之行也，天下为公。选贤与⑤能，讲信修睦。故人不独亲其亲，不独子其子，使老有所终，壮有所用，幼有所长，矜、寡、孤、独、废疾者皆有所养。男有分⑥，女有归。货，恶其弃于地也，不必藏于己；力，恶其不出于身也，不必为己。是故谋闭而不兴，盗窃乱贼而不作，故外户而不闭。是谓大同。今大道既隐⑦，天下为家，各亲其亲，各子其子，货力为己，大人世及以为礼⑧，城郭沟池以为固⑨，礼义以为纪⑩，以正君臣⑪，以笃父子，以睦兄弟，以和夫妇，以设制度，以立田里，以贤勇知⑫，以功为己⑬。故谋用是⑭作，而兵⑮由此起。禹、汤、文、武、成王、周公，由此其选也。⑯此六君子者，未有不谨⑰于礼者也，以著其义⑱，以考其信，著有过，刑仁⑲，讲让，示民有常。如有不由此者，在势者去⑳，众以为殃㉑。是谓小康㉒。"

【注释】

①与于蜡宾：参与蜡祭是以助祭者的身份。蜡(zhà)，一种祭祀的名称。

②观(guàn)：天子和诸侯宫门前的可以悬挂法令的较高建筑，方便让百姓观看法令。

③言偃：人名，孔子弟子。姓言名偃，字子游，是孔子门人中的七十二贤人之一，以文学著称。

④大道之行也，与三代之英，丘未之逮也，而有志焉：大同社会、夏、商、周三个朝代的杰出君王、小康社会，以上两种社会我都没有赶上，只是

在古书上有记载。

⑤与：通“举”。

⑥男有分(fèn)：男子都能找到活干。分，分工，职责。

⑦隐：消失不见。

⑧大人世及以为礼：指天子和诸侯都是父子相传、兄弟相传。世及：父子相传叫作“世”，兄弟相传叫作“及”。

⑨沟池：护城河。以为固：以为防御设施。

⑩纪：纲纪，此处也有根本大法的意思。

⑪以：介词，后面省掉了宾语“礼”。以下七句同。正君臣：使君臣关系得到规范。

⑫知：古“智”字。

⑬以功为己：用功力也只是为了自己。以，是用的意思。功，是力的意思。

⑭用是：因此。

⑮兵：此处指战争、战乱。

⑯禹、汤、文、武、成王、周公，由此其选也：夏禹、商汤、周文王、周武王、周成王、周公，就是在这种情况下产生的出色的人。

⑰谨：关注，看重。

⑱以著其义：意思是用礼来让人们看清楚什么叫作义。

⑲刑仁：以合乎仁的行为为法则。刑，法则。

⑳在势者去：当权者就会被罢免。

㉑众以为殃：意思是百姓以不用礼来规范社会秩序的在位者视为祸殃。

㉒小康：郑玄注：“康，安也。言小安者，失之则贼乱将作矣。”

【译文】

孔子曾经以助祭者的身份参加蜡祭，祭祀结束后，孔子出来游玩，走到宫门外的高台上，不禁发出感叹。孔子的感叹，当是感叹鲁国国君的失礼。孔子的弟子言偃在一边问道：“老师为什么叹气呢？”孔子说：“大道实行的时代，和夏商周三代杰出君主在位的时代，我没能赶得上，只是在古籍中有所记载，我内心非常向往那个时代。大道实行的时代，是把天下传给贤者而不是儿子，天下是大家的，推选有贤德、有才能的人，大家彼此之间讲究信誉，相处和睦。所以大家不只把自己的亲人当作亲人，不只把自己的子女当作子女，使老年人都能有安度晚年的去处，使青壮年人都能找到活儿干，幼年人都能健康成长，鳏寡孤独和残疾有病的人都能得到国家的供养。男子都有工作，女子都能找到婆家。所有的财物，人们不喜欢它而白白地扔在地上，不一定非藏到自己家里不可；对于气力，人们只怕不是出在自己身上，倒不一定是为了自己。所以奸诈之心闭塞而不起，小偷和犯上作乱的也不兴起。所以，门的作用只是为了阻挡风尘进入室内，不是为了防备坏人。这样的社会就叫大同。现在，大同社会的准则已经消失不见了，天下成为一家人的天下，人们只把自己的亲人当作亲人，只把自己的子女当作子女，财物生怕不归自己所有，气力则唯恐出于自己身上。天子和诸侯都是父子相传，兄弟相传。内城外面是外城，外城的外面再加上护城河，用这样的方法来坚固防御。把礼义作为纲纪和根本，使得君臣关系得到规范，使得父子关系更加亲密，使得兄弟关系更加和睦，用来使夫妇关系和谐，用礼来设立制度，用礼来确立有关田地和住宅的制度，用礼来使勇敢的人和贤德的人被大家所知，得到人们的尊崇，用功只是为了自己。因此，钩心斗角的事就随之发生，战争和战乱也因此而起。夏禹、商汤、周文王、武王、成王、周公，就是在这种情况下产生的出色的人。这六位出色的君子，没有一个不是看重礼的，用礼来表彰正义，考察诚信，指明过错，效法仁爱，提倡谦让，向百姓展示一切都是有规可循。如有不按礼的规定来办事的，在位者要被罢免，百姓以不用礼来规范社会秩序的在位者视为祸害。这就是小康。”

何谓人情？喜、怒、哀、惧、爱、恶、欲，七者弗学而能。何谓人义①？父慈、子孝、兄良、弟弟、夫义、妇听、长惠、幼顺、君仁、臣忠②，十者谓之人义。讲信修睦，谓之人利③。争夺相杀，谓之人患④。故圣人之所以治人七情，修十义，讲信修睦，尚⑤辞让，去⑥争夺，舍礼何以治之？饮食男女⑦，人之大欲⑧存焉；死亡贫苦，人之大恶⑨存焉。故欲恶者，心之大端也。⑩人藏其心，不可测度也。美恶皆在其心，不见其色也⑪，欲一以穷之，舍礼何以哉⑫？

【注释】

①人义:人际关系的标准。

②兄良:兄长友爱。弟弟(tì):第二个弟通“悌”指弟弟恭敬。夫义:丈夫守义。妇听:妻子顺从。长惠:长辈惠幼。幼顺:幼者顺长。

③人利:人际关系的改善。

④人患:人际关系的破坏。

⑤尚:崇尚。

⑥去:避免。

⑦饮食男女:吃喝和求偶。

⑧大欲:普遍的欲望。

⑨大恶:普遍的畏惧。

⑩故欲恶者二句:所以大欲和大恶,是心所考虑的两件大事。

⑪美恶皆在其心,不见其色也:美好的念头和丑恶的念头都深藏在心,从外表上谁也看不出来。

⑫欲一以穷之,舍礼何以哉:想要彻底地搞清楚,除了礼之外恐怕也没有别的办法。

【译文】

什么是人际关系的准则?父亲慈爱,儿子孝顺,兄长友爱,幼弟恭敬,丈夫守义,妻子顺从,长辈惠幼,幼者顺长,君主仁义,臣子忠诚,这十种人际关系准则就叫人义。讲信义,守和睦,这叫作改善人际关系。互相争夺,互相残杀,这叫作破坏人际关系。圣人要想管理人的七情,维护人义,崇尚礼让,避免争夺,除了礼以外,还有更好的办法吗?人活在世,吃喝和男女结合,是人普遍的愿望。死亡和穷困,是人普遍畏惧的。所以说人民普遍的愿望和普遍畏惧的这两件事,成了放在人民心上的两件大事。人们都把自己的心思藏在肚子里,别人很难猜测。大家不管美好的还是丑恶的想法都藏在心里,无法从外表看得出来,想要明白别人的心思,除了礼还能有别的方法吗?

礼器

礼器，是故大备[1]。大备，盛德也。礼释回[2]，增美质，措则正，施则行。其在人也，如竹箭之有筠也[3]，如松柏之有心也。二者居天下之大端矣，故贯四时而不改柯[4]易叶。故君子有礼，则外谐而内无怨，故物无不怀仁[5]，鬼神飨[6]德。

【注释】

①大备：指“大顺”，换句话说就是个人做到“修身、齐家、治国、平天下”。

②释回：除去邪恶。

③箭：长势较小的竹子。筠(yún)：指包裹在竹子外面的青皮。

④柯：草木的根茎。

⑤物：指人。怀：归结。

⑥飨：祭祀。

【译文】

以礼为器，就可以让人民都能修身、齐家、治国，产生“大顺”这样的社会局面。“大顺”，实际上就是盛德的表现。尊礼可以除去罪恶，增加人本性中美的部分，人们遵守礼仪行为举止端正，做事也能无所不成。于我们来说，礼就好比竹子外面的青皮，又好像松树柏树坚实的树心。竹箭和松柏这两种特质，普天之下只有它们具有，所以才一年四季总是郁郁葱葱，根茎不改变，枝叶永不凋落。君子彬彬有礼，他对外能和其他人和睦相处，而自己也无任何怨恨。所以人们无不归结于他的仁慈，连鬼神也乐于享受他的祭品。

礼，时为大，顺次之，体次之，宜次之，称次之。尧授舜，舜授禹;汤放桀,武王伐纣,时也。《诗》云:"匪革其犹,聿追来孝。"①天地之祭,宗庙之事②,父子之道,君臣之义,伦也。社稷山川之事,鬼神之祭,体也。丧祭之用,宾客之交,义也。③羔豚而祭,百官皆足;④大牢而祭,不必有余,此之谓称也。诸侯以龟为宝,以圭为瑞。⑤家⑥不宝龟,不藏圭,不台门⑦,言有称也。

【注释】

①《诗》云二句:《诗》指《诗·大雅·文王有声》。今本作"匪棘其欲,通追来孝"。匪,通"非"。"革"与"棘",属于同义字,表示"急"的意思。"聿"与"通",都读作yù,是助词,没有意义。来,意谓"于"。

②事:指祭祀活动。

③丧祭之用,宾客之交,义也:丧礼和祭礼应该使用什么物品,接待宾客要以什么礼数,都要合情合理。

④羔豚而祭,百官皆足:大夫和士举行的祭祀。虽然只用一只羊羔作为祭品,但是每个助祭者都能分得一份祭肉。百官,指助祭者。皆足,指助祭者都可在祭祀结束后分得一块祭肉。

⑤诸侯以龟为宝,以圭为瑞:陈游解释说:"诸侯有国,宜知占详吉凶,故以龟为宝也。五等诸侯,各有圭璧为瑞信。又以天子所赐,如祥瑞之降于天,故以为瑞。"圭:是一种玉制的礼器。

⑥家:指大夫。

⑦台门:也称"观",或者叫"阙",还可以称为"象魏",在门的两旁建造的比门略高的土台,是天子、诸侯布告法律、观测天气的地方。

【译文】

礼的规定,第一重要的就是要合乎时代环境,其次是符合伦理纲常,再其次是区别对象而不同对待,再其次是符合人情,最后是要与身份相称。比如,尧把皇位传给舜,舜把皇位传给禹,这是禅让的时代;而商汤放逐夏桀,周武王讨伐殷纣王,这些都是顺应时代的环境。《诗经》上记载:"周文王兴建封邑,并不是急于实现自己的愿望,而是感念祖先的功业,表达自己的孝心。"对天地神祇的祭祀,对祖宗家庙的祭祀,其中体现有父子之间的伦理和君臣之间的仁义。这些都是伦理纲常的问题。社稷和山川的祭祀，鬼神的祭祀，因为祭祀的对象不同，礼的规定也随之不同。这就是个体的问题。发生了丧祭这样的事，而作为亲戚朋友对丧家的孝子有所赙赠，这便是个宜的问题。大夫、士的祭祀，虽然只用一只羊羔或一头小猪做祭品，但到祭祀结束的时候，每个助祭的人都能够得到一份祭肉；而天子、诸侯的祭祀，尽管是以牛、羊、豕三牲作为祭祀的供品，但到祭祀结束的时候，也还是每个助祭的人都能得到一份祭肉，不会留下什么剩余。这就叫作与身份相称。诸侯可以拥有龟，并以为珍宝；可以拥有圭，并把它当作祥瑞。而大夫的家里就不可以这样做，不能把大门建造成宫阙的样式。这也是讲的合乎身份问题。

学记

发虑宪[1],求善良[2],足以谀闻[3],不足以动众[4];就贤体远[5],足以动众,未足以化民。君子如欲化民成俗,其必由学[6]乎!

【注释】

①发虑宪:意思是开动脑筋。

②求善良:求得善良的人。

③足以谀(xiǎo)闻:足以让自己小有声名。

④动众:感动普通百姓。

⑤就贤体远:礼贤下士,体恤远人。

⑥学:此处是学校的意思。

【译文】

多多思考,开动智慧,求得善良的能人,这样做虽然能够让自己小有声名,但还不足以感动大众百姓。礼贤下士,体恤远人,这样做虽然可以感动普通百姓,但还不能够改造民心。国君要是想要改造民心,转变风俗,那么一定是要从教育开始的吧!

玉不琢,不成器;人不学,不知道。是故古之王者建国君民教学为先。《兑命》曰:“念终始典于学。”[1]其此之谓乎!

【注释】

①《兑(yuè)命》:即《说命》,《尚书》篇名。念终始典于学:意思是人君应自始至终经常地考虑学校问题。

【译文】

玉如果不经过打磨雕琢,就不会成为有用的器具;人如果不经过学习,就不会知道道理。所以古代的帝王建立国家、统治人民,都把教育和学习放在第一位。《尚书·说命》篇上讲："人君要自始至终经常地考虑学习问题。"大概说的就是这个意思吧！

虽有嘉肴，弗食，不知其旨[①]也；虽有至道[②]，弗学，不知其善也。是故学然后知不足，教然后知困。知不足，然后能自反[③]也；知困，然后能自强也。故曰：教学相长[④]也。《兑命》曰："学学半。[⑤]"其此之谓乎！

【注释】

①旨：滋味，味美。

②至道：再好不过的道理。

③自反：意思是努力上进。

④教学相长：教授和学习是互相促进增长的。

⑤学学半：今《尚书·说命下》作"斅(xiào)学半"，意思是教别人，其中有一半等于是自己学习。斅，教也。

【译文】

虽然有美味佳肴，但是不吃，也就不会知道它是如何的味美。虽然有最好的道理，如果不学，也就不会知道它的益处。所以，只有先学习然后才能知道自己的不足；只有通过教别人，然后才能发现自己还有疑惑的地方。知道了自己的不足，然后才能努力上进；知道了自己还有哪些地方心存疑惑，然后才能发愤图强。所以说：教授和学习是互相促进增长的。《说命》上说："教授别人也是自己学习的过程，其中有一半等于是自己学习。"说的大概就是这个意思吧！

古之教者，家有塾[①]，党有庠[②]，术[③]有序，国[④]有学。比年入学[⑤]，中年考校[⑥]。一年，视离经辨志。[⑦]三年，视敬业乐群[⑧]。五年，视博习亲师[⑨]。七年，视论学取友[⑩]，谓之小成。九年，知类通达[⑪]，强立而不反[⑫]，谓之大成。夫然后足以化民易俗，近者说[⑬]服，而远者怀之。此大学之道也。《记》曰："蛾子时术之。[⑭]"其此之谓乎！

【注释】

①塾：私塾，教书育人的地方，最基础的学校。

②庠：党的学校名。据《周礼》记载，一党为五百家。

③术（suì）：通"遂"。《周礼》记载，一万两千五百家为一遂。遂的学校叫作序。

④国：国都。

⑤比年入学：每年都有新生入学。

⑥中年：间隔一年。考校（jiào）：考察检测。

⑦一年，视离经辨志：学习了一年以后，就可以断开经文的句子，辨别其志向的方向了。视，考察。

⑧敬业乐（yào）群：专心自己的学业和向优秀的同学学习。

⑨博习亲师：广泛涉猎知识，亲近师长。

⑩论学：讨论学习有自己的见解。取友：选择和什么样的人交朋友。

⑪知类通达：触类旁通。

⑫强立而不反：遇到事情不疑惑，不违背师训。

⑬说：古"悦"字。

⑭蛾（yǐ）子时术之：小蚂蚁时时向大蚂蚁学习衔泥，时间长了，也能积土成堆。蛾，古"蚁"字。术，学习。

【译文】

古代教学的地方，家里有私塾，一党有一庠，一遂有一序，国都则有大学。每年都有新生入学，每间隔一年进行一次考察检测。学习了一年以后，就可以断开经文的句子，辨别其志向的方向了。学习了三年以后，就开始考查学生是否专心学业和能否向优秀学生学习。学习了五年以后，就开始考查学生是否广泛涉猎知识，亲近师长。学习了七年以后，就开始考查学生在学术上有没有自己的见解，以及和什么样的人交朋友；以上都做到的学生，就可以叫作"学有小成"。学习了九年，就开始考查学生能否触类旁通，遇到事情不疑惑，不违背师训；这些都做到的学生，就可以叫作"学有大成"。然后才能够改造民心，移风易俗，使身边的人心悦诚服，而离得远的人愿意归服。这就是大学的教育方式。古书上说："小蚂蚁时时向大蚂蚁学习衔泥，时间长了，也能积成土堆。"说的大概就是这个意思吧！

大学始教，皮弁祭菜[①]，示敬道也；《宵雅》肄三[②]，官其始也；入学鼓箧[③]，孙其业也[④]；夏、楚二物[⑤]，收其威也；未卜禘不视学[⑥]，游其志也；时观而弗语，存其心也；幼者听而弗问，学不躐等[⑦]也。此七者，教之大伦[⑧]也。《记》曰："凡学，官先事，士先志。[⑨]"其此之谓乎！

【注释】

①皮弁祭菜：学生们穿上祭祀的衣服，用芹藻等物祭祀先圣先师。皮弁，用白鹿皮制成的帽子的名称。

②《宵雅》肄三：让学生习唱《诗经·小雅》中的《鹿鸣》、《四牡》、《皇皇者华》三篇。宵，通"小"。肄，练习。

③入学鼓箧：入学时，首先击鼓警众，然后再让学生从书箧中取出要讲的书。

④孙其业也：使学生恭顺地对待学习。孙，通假字，通"逊"，恭顺。

⑤夏（jiǎ）：通"榎"，指楸树。楚：指荆条，两种都是制作教鞭的材料，可以用来体罚学生。

⑥未卜禘不视学：在没有祭祀之前，老师们不考察学生的学业。

⑦学（xiào）不躐等：教育学不可逾越等级，要循序渐进。

⑧大伦：重要的道理。

⑨凡学，官先事，士先志：凡是学习，对于想要学习当官，就要先教以居官之事。对于想要学习为士的，就要先教以士应有的志向。

【译文】

大学开学之时，学生们要穿上祭祀的礼服，用芹藻等物来祭祀先圣和先师，以此来表达对先圣先师的尊敬。祭祀的时候，学生们吟唱《小雅》中的《鹿鸣》、《四牡》和《皇皇者华》三篇，让学生们在入学之初就知道读书要为国家做贡献的道理。入学以后，首先击鼓警众，然后再让学生从书箧中取出要讲的书。这是为了让学生恭顺地对待学业。用楸树、荆条制作的教鞭可以体罚学生，是为了让偷懒和违纪的学生有所畏惧。没有按照占卜的吉日举行大祭之前,老师们不考察学生的学业,以便学生能在宽松的环境中学习,能够安下心来。教师要经常观察学生,但不要经常地叮咛嘱咐,让学生自己发现问题来发问,以培养学生独立思考的能力。学生有问题,应该推选年龄大的来问,年龄小的不要乱问,只管听老师的解答就行了,因为老师知道因年龄而施教的道理。这七条教育规则,就是教学的大道理。古书上说:“凡是学习,对于想要学习当官,就要先教以居官之事。对于想要学习为士的,就要先教以士应有的志向。”这说的大概就是这个意思吧!

大学之教也,时教①必有正业,退息必有居学。不学操缦②,不能安弦③;不学博依④,不能安《诗》;不学杂服⑤,不能安礼;不兴其艺⑥,不能乐学。故君子之于学也,藏焉,修焉,息焉,游焉⑦。夫然,故安其学而亲其师,乐其友而信其道,是以虽离师辅而不反也⑧。《兑命》曰:“敬孙务时敏,厥修乃来。”⑨其此之谓乎!

【注释】

①时教:因时施教。

②操缦:意思是先用一些小调来做指法练习。

③安弦:善于琴弦。引申为弹奏得好。安,善于。

④博依:郑玄注:“博依,广譬喻也。”《诗》中的比、兴两种创作手法,都和譬喻有关。

⑤杂服:指的是各种场合所穿的衣服。郑玄注:“冕服、皮弁之属。”

⑥不兴其艺:对这门课程兴趣不大。

⑦藏焉,修焉,息焉,游焉:心常怀抱学业,修习不废,做事倦息之时而亦存学,闲暇无事游行之时亦在于学。

⑧师辅:老师和朋友。不反:不违背师训。

⑨《兑命》曰二句:见今《尚书·说命下》,文字小异。大意谓:学者不仅恭敬谦逊,而且及时而敏疾,他所修的学业就会成功。

【译文】

大学的教育,都是按照一定的时序来安排课程的。教授的内容都是先王遗留的经典，学生在课后休息一定在居所有各种学习。如果不先用一些小调来做指法练习，也就不能把琴弹奏得很好；如果不广泛地学习譬喻，也就不能学好《诗经》；如果不知道各类场合所需要穿的服装，也就不能学好礼仪；如果不喜欢学习这门课程，也就不会充满兴趣地去学习。所以，学子们在对待学习的事情时，就要心里一直想着学业，时常修习不荒废，做事累了也不忘了学习，闲暇无事的时候也要认真学习。这样做了以后，就能够学好功课，亲近师长，和朋友愉快相处，信奉真理。因此，即使是离开了老师和朋友而独自一人的时候，也不会有任何违反正道的行为。《尚书·说命》上讲："恭敬谦逊，敏疾从事，其所修学业就一定能成功。"说的大概就是这个意思吧！

今之教者，呻其佔毕①，多其讯言②，及于数进而不顾其安③，使人不由其诚，教人不尽其材④。其施之也悖，其求之也佛。⑤夫然，故隐其学⑥而疾其师，苦其难而不知其益也，虽终其业，其去之必速⑦。教之不刑⑧，其此之由乎！

【注释】

①呻其佔(shān)毕：意思是照本宣科。呻，拉长语调地朗读。王引之《经义述闻》说：佔，通"笘"，竹简。毕，也指竹简。

②多其讯言：意思是不等学生自己领悟而直接告诉学生。

③及于数进而不顾其安：贪图过快的进度，而不管学生是否可以接受。及，通"汲"，汲汲也。数，通"速"，快速。

④使人不由其诚，教人不尽其材：教学生没有足够的诚意，也不是把全部知识倾囊相授。

⑤其施之也悖，其求之也佛：做教师的教学方法违背科学规律，做学生的也难以达到自己求知的目的。佛(fú)，通假字，通"拂"，违反、违背。

⑥隐其学：厌恶其学习。

⑦虽终其业，其去之必速：虽然勉强完成了学业学到了头，但所学的知识很容易就忘掉了。

⑧刑：成功。

【译文】

现如今的教师,只知道照本宣科。拉长语调地读书,不等学生自己领悟,老师就直接告诉学生,急于追求快速的进度,而不顾学生是否可以接受,教育学生没有足够的诚意,也没有把自己的全部知识教给学生。教师的教学方法违背科学规律,做学生的也难以达到自己求学的目的。如果这样做,学生就会厌恶学习,怨恨老师,只感到学习如此的困难,而不能从中得到什么益处,虽然勉勉强强地将学业学到了头,但所学的知识很快就会忘掉。教育之所以不成功,大概就是这个原因吧!

大学之法,禁于未发之谓豫①,当其可之谓时②,不陵节而施之谓孙③,相观而善之谓摩④。此四者,教之所由兴也。发然后禁,则扞格而不胜⑤;时过然后学,则勤苦而难成;杂施而不孙,则坏乱而不修;⑥独学而无友,则孤陋而寡闻;燕朋逆其师⑦;燕辟⑧废其学。此六者,教之所由废也。

【注释】

①禁于未发之谓豫:在错误还没有发生的时候就制止叫作防患于未然。

②当其可之谓时:在学生正好处于可以教导的时候教育叫作合乎时宜。

③不陵节而施之谓孙(xùn):对年长的学生和对年幼的学生施以不同的教育,这叫作循序渐进。孙,同"逊",顺的意思。

④相观而善之谓摩:使学生互相观摩,相互取长补短叫作切磋琢磨。

⑤扞(hàn)格而不胜:遇到抵触而不起作用。

⑥杂施而不孙,则坏乱而不修:杂乱无章的教学而不循序渐进,就会导致混乱的效果而不可收拾。

⑦燕朋逆其师:结交习惯不好的朋友就是蔑弃师训。朱熹说:"此燕朋是私亵之友,所谓'损者三友'之类。"

⑧燕辟:染上不良嗜好。

【译文】

大学的教育方法,在学生的错误还没有发生的时候就能够加以制止,这叫防患于未然。当学生正好处于可以教导的年龄而给予教导,这叫正当其时。对年长的学生和对年幼的学生施以不同的教育,叫作因材施教。使学生互相观摩,互相取长补短这叫切磋琢磨。这四条规则,是能够让教育成功的办法。学生发生了错误,老师才开始想办法制止,就会遇到学生的抵触而不起什么作用。过了适于教导的年龄然后才想要学习,即便很勤劳地学习也难以有很大的成就。杂乱无章地教学而不循序渐进,就会导致混乱的效果不可收拾。独自一人学习而没有朋友,不能和朋友一起切磋,就会导致孤陋寡闻。结交有不好习惯的朋友就会蔑弃师训。染上不良的习气,就会荒废学业。以上这六种情况,是导致教育失败的原因。

君子既知教之所由兴,又知教之所由废,然后可以为人师也。故君子之教喻①也,道而弗牵②,强而弗抑③,开而弗达④。道而弗牵则和⑤,强而弗抑则易⑥,开而弗达则思⑦。和、易以思,可谓善喻⑧矣。

【注释】

①教喻:教育和引导。

②道而弗牵:引导却不强迫。道,通“导”。

③强而弗抑:鼓励而不勉强。

④开而弗达:启发而不说透。

⑤和:意思是指和谐的师生关系。

⑥易:容易。

⑦思:意思是学生用心思考。

⑧善喻:擅长引导。

【译文】

老师既知道能够让教育成功的办法,也知道会使教育失败的原因,然后才有资格做别人的老师。所以,老师对学生的教育和引导的方式是,引导而不强迫,鼓励而不勉强,启发而不说透。引导而不强迫,就能成为和谐的师生关系；鼓励而不勉强，学生在学习的时候就会感到容易；启发而不说透，学生就可以自己用心思考。能做到师生关系和谐、使学生感到易学以及学生能用心思考，可以叫作善于教育诱导了。

学者有四失，教者必知之。人之学也，或失则多[①]，或失则寡[②]，或失则易[③]，或失则止[④]。此四者，心之莫同也。[⑤]知其心，然后能救其失也。教也者，长善[⑥]而救其失者也。

【注释】

①或失则多：有的失于才识浅薄而一味贪多。

②或失则寡：有的失于才具宏大而浅尝辄止。

③易：孔颖达解释“易”指“学而不思则罔”。

④止：孔颖达解释“止”指“思而不学则殆”。

⑤此四者，心之莫同也：有这四种过失的人，是由于他们的个性不同。心，个性。

⑥长（zhǎng）善：培养学生的优点。长，动词的使动用法。

【译文】

学习的人有四种过失，当老师的一定要知道。人们在学习的时候，有的失于才识浅少而一味贪多，有的失于才识宏大而浅尝辄止，有的失于只学习而不思考，有的失于只思考而不学习。有这四种过失的人，是由于他们的个性不同。知道每个人的个性，这样才能对症下药帮助他们改正他们的过失。作为老师，就是为了让学生的优点变得更多，而帮助学生改正他们的过失。

善歌者使人继其声，善教者使人继其志。其言也约而达[①]，微而臧[②]，罕譬而喻[③]，可谓继志矣。

【注释】

①其言也约而达：教师的语言简单却意思明白。

②微而臧：道理深奥而解释得精妙。臧，擅长。

③罕譬而喻：比喻虽少而使人易懂。

【译文】

善于唱歌的人，能使人听了他的歌唱后情不自禁地跟着他哼唱。善于教学的人，能使人深受启发，让人自然而然地接受他的观点。老师的语言简单但是意思明白，道理深奥而解说得精妙，少用比喻但是却能让人明白而使人易懂，做到这一点的老师，就可以说是善于引导学生让其接受观点了。

君子知至学之难易①，而知其美恶②，然后能博喻③，能博喻然后能为师，能为师然后能为长④，能为长然后能为君。故师也者，所以学为君也。是故择师不可不慎也。《记》曰："三王、四代唯其师。⑤"此之谓乎！

【注释】

①君子：此处指老师。至学之难易：意思是学者入道的深浅次第。

②知其美恶：知道学生资质的高低。

③博喻：多方设法使人晓喻。

④为长：做官。

⑤三王、四代：三王，指夏、商、周；四代，则多加虞。唯其师：以择师为重。

【译文】

老师知道学生求学的深浅次第，也知道学生资质的高低，然后才能多方设法晓喻，这样才有资格做老师，能做老师以后才能做官，能做官然后才能做国君。所以说，老师，就是跟着他学做国君的人。所以，选择老师不得不非常慎重。古书上记载："虞、夏、商、周四代都以选择老师为重要的事。无不慎重择师。"说的就是这个意思吧！

凡学之道，严①师为难。师严然后道尊，道尊然后民知敬学。是故君之所不臣于其臣②者二：当其为尸③则弗臣也，当其为师则弗臣也。大学之礼，虽诏④于天子，无北面⑤，所以尊师也。

【注释】

①严：此处是尊敬的意思。

②不臣于其臣：实际的句型应该是“不以其臣为臣”，意思是不以对待臣下的礼节来对待其臣下。

③尸：祭祀祖先时，代替已故先人接受祭祀的人。

④诏：告的意思。指给国君讲课时。

⑤北面：面向北。古代臣子见君，臣北面，君南面。此处的意思是不用行臣子之礼。

【译文】

大凡人们在学习的道路中，尊敬师长这一条最难做到。只有尊敬师长，然后才能重视师道。只有重视师道，然后百姓才会恭敬地学习。所以，国君不用对待臣子的礼节来对待其臣子的情况有两种：一种是当臣子代替已故的先人接受祭祀的时候，国君不以臣子的礼节对待；一种是当臣子为国君讲课的时候，国君不以臣子的礼节对待。大学中的礼节规定，就是给天子讲课的时候，也不需要行臣子之礼，就是为了表示对老师的尊敬。

善学者，师逸而功倍，又从而庸之①；不善学者，师勤而功半，又从而怨之。善问者如攻坚木②，先其易者，后其节目③，及其久也，相说以解④；不善问者反此⑤。善待问者如撞钟⑥，叩之以小者则小鸣，叩之以大者则大鸣，待其从容，然后尽其声；⑦不善答问者反此。此皆进学⑧之道也。

【注释】

①庸：功劳。庸之，意思是把功劳归于老师。

②攻坚木：劈砍坚硬的木头。

③后其节目：然后劈砍那些疙里疙瘩部分。节目，这里比喻难懂的

问题。

④相说(tuō)以解：意思是那些疙里疙瘩部分也被劈掉了。

⑤反此：和这种不同的情况。

⑥善待问者：善于等待学生发问的教师。这是一个隐喻。老师比作钟，学生比作撞者。

⑦叩之以小者则小鸣四句：意思是你轻轻地撞，我就小声地鸣；你用力地撞，我就大声地鸣；等到你从容不迫地撞，我的回答娓娓道来，就像钟声的余韵一样悠扬。

⑧进学：增进知识。

【译文】

善于学习的人，老师虽然很省心但是学生学到的却是加倍的东西，学生还把功劳归于老师。不善于学习的人，老师尽管很勤苦但是学生学到的知识还赶不上老师教的一半，学生反而怪罪于老师。善于提出问题的学生就像是砍劈坚硬的木头，先劈砍容易劈砍的地方，然后劈砍疙疙瘩瘩的节的地方，慢慢地时间长了，那些疙疙瘩瘩难以劈砍的部分也就砍开了。不善于提出问题的人则与此相反。善于等待学生发问的老师就好比撞钟一样，你轻轻地撞，我就小声地鸣；你用劲地撞，我就大声地鸣；你从容不迫地撞，我就一五一十原原本本地给予回答，就像余韵悠扬的钟声。不善于回答问题的人则与此相反。这些都是增进知识的办法。

记问之学，不足以为人师，必也其听语乎[①]！力不能问，然后语之；[②]语之而不知，虽舍之可也。[③]

【注释】

①必也其听语乎：做老师的一定是那些能根据学生提出的各种疑问而随意做出回答的人。

②力不能问，然后语之：如果学生还没有提出问题的能力，老师就应该主动讲给学生听。

③语之而不知，虽舍之可也：如果讲给学生听，学生还是不理解，那就暂时把它丢开，以后再讲。

【译文】

东拼西凑地记住一些连自己也并非真懂、学生也无法发问的杂学,这样的人是没有资格做老师的。有资格做老师的一定是那些能根据学生提出的疑问随意做出回答的人。如果学生的水平还提不出任何疑问,这时候老师应该主动讲给学生听。如果讲给学生听,学生还是不理解,那就只好暂时把它丢开,以待将来再讲。

良冶之子,必学为裘;[①]良弓之子,必学为箕。[②]始驾马者反之,车在马前。[③]君子察于此三者[④],可以有志于学矣。

【注释】

①良冶之子,必学为裘:以冶铁的技能世世代代相传的铁匠之家,他们的子弟一定会学好制裘的本领。

②良弓之子,必学为箕:以制弓的技能世世代代相传的制弓之家,他们的子弟一定会学好编织畚箕的本领。箕,指的是柳条。

③始驾马者反之,车在马前:刚开始学习驾车的小马,一定要把它拴在马车的后面,让小马跟着驾车的老马观察学习一段时间。

④此三者:这三件事情,指上文的三个比喻。孔颖达说:"三事皆须积习,非一日所成。君子察此三事之由,则可有志于学矣。"

【译文】

以冶铁的技能世世代代相传的铁匠之家,他们的子弟一定会学好缀皮为裘的本领。以制弓的技能世世代代相传的制弓之家,他们的子弟一定会学好编畚箕的本领。刚开始学习驾车的小马,一定要先把它拴在马车的后面,让小马跟着驾车的老马观察学习一段时间。君子如果能够仔细观察这三件事情,就可以坚定以学习为本的信心。

古之学者,比物丑类[①]。鼓无当于五声,五声弗得不和。[②]水无当于五色,五色弗得不章。[③]学无当于五官,五官弗得不治。[④]师无当于五服,五服弗得不亲。[⑤]

【注释】

①比物丑类：意思是对同类的事物进行相关联系，来比较归纳。

②鼓无当于五声，五声弗得不和：鼓的声音不属于五声中的任何一声，但是如果五声里面没有鼓声的调和就不会和谐。五声指的是宫、商、角、徵、羽。

③水无当于五色，五色弗得不章：水不属于五种颜色中的任何一种，如果五色没有水的调和就不会颜色鲜明。五色指的是青、赤、黄、白、黑。

④学无当于五官，五官弗得不治：学问不属于五种官职当中的任何一个，但是如果五官没有学问就不能把事情做好。

⑤师无当于五服，五服弗得不亲：老师不属于五服亲属中的任何一服，但如果没有老师讲明道理，恐怕人们还不知道谁与谁亲。五服指的是按照血缘关系远近制定的五种丧服，包括斩衰、齐衰、大功、小功、缌麻。

【译文】

古代的学者，通过对同类事物进行相关联系然后再比较而将其归类。鼓的声音不属于五声中的任何一声，但是如果没有鼓声的调和五声就不会和谐；水不属于五种颜色之中的任何一色，但是如果没有水的调和五色就不会颜色鲜明；学问不属于五种官职当中的任何一个，但无论做什么官没有学问就不能把事情办好；老师不属于五服亲属中的任何一服，但是如果没有老师的教导，五服中的人们就不会知道谁与谁亲。

君子曰："大德不官[①]，大道不器[②]，大信不约[③]，大时不齐[④]。"察于此四者，可以有志于学矣。[⑤]三王之祭川也，皆先河而后海，或源也，或委也，此之谓务本。[⑥]

【注释】

①大德不官：道德水平很高的人绝对不会局限于只担任某一个具体官职。

②大道不器：放之四海而通用的真理也不会局限于只能解决某一具体的问题。

③大信不约：最大的诚信，不需要通过任何赌咒发誓来制约。

④大时不齐：天地四季，寒冷和炎热交替，不是一直冷或者一直热。

⑤察于此四者，可以有志于学矣：仔细地研究了这四种情况的人，就可以坚定以学习为本的信心了。

⑥三王之祭川也五句：夏商周三代的天子在祭祀大川的时候，都是按照先祭祀河，后祭祀海的顺序，因为河是海的源头，海是河的末尾，这就叫务本。

【译文】

君子说："道德水平很高的人绝对不会局限于只担任某一个具体的官职。天下通用的真理也不会局限于只解决某一具体问题。最大的诚信，不需要通过任何赌咒发誓来制约。天地四季，寒冷和炎热交替，不是一直寒冷或者一直炎热。"仔细研究了这四种情况的人，也就可以坚定以学为本的信心了。夏代、商代以及周朝这三个时期的天子在祭祀大川的时候，都是按照先祭祀河流而后祭祀海的顺序，河是海水的源头，海是河的末尾，这就叫务本。

乐记

凡音之起[1],由人心[2]生也。人心之动,物[3]使之然也。感于物而动,故形于声[4]。声相应,故生变。[5]变成方,谓之音。[6]比音而乐之,及干戚、羽旄,谓之乐。[7]

【注释】

①起:意思是产生。

②心:人的思想感情。古代人认为思考器官是心。

③物:外界事物。

④故形于声:就会形成表现为声音。

⑤声相应,故生变:意思是仅仅同声相应还不足以构成音乐,所以要产生变化。这个"变",就是杂比。

⑥变成方,谓之音:杂比的结果,就是通过一定方法变化,成了动听的曲子,称之为音。

⑦比音而乐之三句:此三句的意思是将这些歌曲排比起来,再配上乐器的演奏,再加上手执干戚、羽旄的舞蹈动作,称之为乐。

【译文】

大凡音的起始,都是由人心产生的。而人心的变化,是物造成的。心有感于物而变化,由声表现出来。声与声相应和,才发生变化。按照一定的方法规律变化,就叫作音。随着音的节奏用乐器演奏,再加上手执干戚、羽旄的舞蹈动作,就叫作乐了。所以说乐是由音产生的,而其根本是人心有感于物而造成的。

乐者,音之所由生也,[1]其本在人心之感于物也[2]。是故其哀心感者,其声噍以杀[3];其乐心感者,其声啴以缓[4];其喜心感者,其声发以散[5]；其怒心感者，其声粗以厉[6]；其敬心感者，其声直以廉[7]；其爱心感者，其声和以柔[8]。六者，非性也，[9]感于物而后动。是故先王慎所以感之者。[10]故礼以道[11]其志，乐以和其声[12]，政以一其行[13]，刑以防其奸。礼、乐、刑、政，其极[14]一也，所以同民心而出治道[15]也。凡音者，生人心者也。情动于中，故形于声。声成文[16]，谓之音。是故治世之音安以乐[17]，其政和[18]；乱世之音怨以怒[19]，其政乖[20]；亡国之音哀以思[21]，其民困。声音之道，与政通矣。[22]

【注释】

①乐者二句：乐是由声音所生。

②本：本源。物：外物。

③噍以杀：噍(jiāo)，急促。以，而。杀(shài)，衰减。

④啴(chǎn)以缓：舒展和缓。

⑤发以散(sǎn)：振奋，奔放。

⑥粗以厉：粗犷而严厉。

⑦直以廉：端正方直。

⑧和以柔：和顺温柔。

⑨六者二句：以上六种情感的发生，并非人心所固有。

⑩是故先王慎所以感之者：所以先王非常注意能够影响人心的外物。

⑪道：引导。

⑫乐以和其声："声"，《说苑·修文》作"性"，是。和其声，调和人的性情。

⑬一其行：统一人的行动。

⑭极：所要达到的目的。

⑮出治道：产生治平之道。或曰实现天下大治。

⑯文：文就是文章的文，声能成文是由于声的清浊变化有规律，形成一定的结构和组织，不再是简单的声了，就如同文章不再是单个的字母一样。

⑰治世：天下大治。安以乐：安详快乐。

⑱政和：政通人和。

⑲怨以怒:怨恨而愤怒。

⑳政乖:乖,背戾。政治紊乱。

㉑哀以思:悲伤而哀思。

㉒声音之道,与政通矣:有什么样的政治,就有什么样的声音,故云。

【译文】

“乐”,是由声音生成的,它产生的本源乃在于人心受到外物的感动。所以,心中产生悲哀的感情,则发出的声音就急促低沉;心里有了快乐的感情,发出的声音就振奋而奔放;人心有了高兴喜悦的感受,发出的声音就明朗而轻快;心里有了愤怒的感情,发出的声音就粗犷而激越;心里有了崇敬的感受,发出的声音就庄重而正直;心里有了爱恋的情感,发出的声音就和顺而温柔。这六种情感并非出自人的天性,而是受到外物的激发产生的。所以古代圣王十分注意能够影响人心的外界事物:因此用礼来诱导人们的意志,用乐以调和人们的声音,用政令来统一人们的行动,用刑法来防止奸乱。礼乐刑政,手段虽然不同,但终极目的是相同的,都是为了齐民心而使出现天下大治的世道啊。凡是音,都是在人心中生成的。感情在心里激动,表现为声。片片段段的声组合变化为有一定结构的整体称为音。所以世道太平时的音中充满安适和欢乐,其政治必平和;乱世的时候音里充满了怨恨与愤怒,其政治必是倒行逆施的,灭亡及濒于灭亡的国家其音充满哀和愁思,百姓困苦无望。由此看来,声音的道理,是与政治相通的。

宫为君,商为臣,角为民,徵为事,羽为物。①五者不乱,则无怗懘之音矣。②宫乱则荒③,其君骄。商乱则陂④,其官坏。角乱则忧,其民怨。徵乱则哀,其事勤。羽乱则危,其财匮。五者皆乱,迭相陵,谓之慢。⑤如此,则国之灭亡无日矣。

【注释】

①宫为君五句:宫声代表君,商声代表臣,角声代表民,徵声代表事,羽声代表物。

②五者不乱,则无怗懘之音矣:如果这五声不乱,就不会出现不和谐的

曲调。不乱，指相生之次序和大小之次序不乱。怗懘(zhān chì)，不和谐，败坏。

③荒：放散。

④陂(bì)：倾斜。

⑤五者皆乱，迭相陵，谓之慢：如果宫、商、角、徵、羽五者都乱了套，彼此互相凌驾，秩序荡然，那就会奏出所谓的慢音。慢，指乱到无以复加之音。

【译文】

宫声象征君，商声象征臣，角声象征民，徵声象征事，羽声象征物。如果这五声不乱，就不会出现不和谐的曲调。如果宫声混乱则曲调散漫，象征着国君的骄恣；商声混乱则曲调不正，象征着官员的腐败；角声混乱则曲调忧伤，象征着百姓的怨言不满；徵声混乱则曲调悲哀，象征着百姓的徭役繁重；羽声混乱则曲调危急，象征着财物缺少。如果宫、商、角、徵、羽五者都乱了套，彼此互相凌驾，这时候的音就叫作慢。如果已经到了这种地步，国家的灭亡也就不剩几天了。

郑、卫之音，乱世之音也，比于慢矣。[1]桑间濮上之音[2]，亡国之音也，其政散[3]，其民流[4]，诬上行私而不可止也。

【注释】

①郑、卫之音，乱世之音也，比于慢矣：郑、卫之音，属于乱世之音，接近于慢音了。比，等同于。

②桑间：地名，在濮水之旁。

③政散：政治混乱。

④流：流离失所。

【译文】

郑国、卫国的音乐，就属于乱世之音，等同于慢音了。桑间濮上的音乐，属于亡国之音，它反映了国家政治的极端混乱，老百姓的流离失所，民不聊生，统治者的欺上瞒下自私自利而不可救药。

凡音者，生于人心者也。乐者，通伦理者也。是故知声而不知音者，禽兽是也；知音而不知乐者，众庶是也。唯君子为能知乐。是故审声以知音，审音以知乐，审乐以知政，而治道备矣。是故不知声者不可与言音，不知音者不可与言乐。知乐则几①于礼矣。礼乐皆得，谓之有德。②德者，得也。是故乐之隆，非极音也。食飨之礼，非致味也。③《清庙》之瑟④，朱弦而疏越⑤，壹倡而三叹，有遗音者矣⑥。大飨之礼，尚玄酒而俎腥鱼⑦，大羹不和⑧，有遗味者矣⑨。是故先王之制礼乐也，非以极口腹耳目之欲也，将以教民平好恶而反人道之正也。

【注释】

①几：接近。

②礼乐皆得，谓之有德：既懂得礼，又懂得乐，那才叫作有德。

③是故乐之隆，非极音也。食飨之礼，非致味也：所以，乐的隆重，并不是为了极尽听觉上的享受；食飨之礼的盛大，并不是为了极尽味觉上的享受。

④《清庙》之瑟：演奏《清庙》乐章所用的瑟。《清庙》，《诗经·周颂》篇名，是周人祭祀文王时的乐歌。

⑤朱弦：用煮过的朱丝做成的弦。疏越（huó）：瑟底部的小孔。孔颖达疏："弦声既浊，瑟音又迟，是质素之声，非要妙之响。"

⑥有遗音者矣：这才是先王留传下来的真正的音乐呀！

⑦尚玄酒而俎腥鱼：尽管有牛羊猪可以做俎实而弃之不用。尚玄酒：尽管祭神的酒类品种很多，而以玄酒为上。玄酒，即水。俎腥鱼：以生鱼为俎实。腥，生的意思。

⑧大（tài）羹：煮肉的清汤。

⑨有遗味者矣：这才是先王留传下来的真正的滋味呀！

【译文】

所有的声音，都是来源于人心。而所有的乐声，则是和伦理道德相通的。所以懂得声而不懂得音是什么的，那就是蒙昧不开的禽兽；懂得音而不懂得乐是什么的，那就是普通的平民百姓。只有君子才懂得什么是乐。所以君子辨别声而懂得音，从辨别音进而懂得乐，从辨别乐进而懂得政事，于是就有了完整的治国方法。所以，不懂得声的人，就没法和他谈论音；不懂得音的人，就没法和他再谈论乐。懂得乐的人基本也就懂得礼了。既懂得礼，又懂得乐，那才叫作真懂。所谓德，就是得到。所以，无论多么隆重的乐，并不是为了极尽听觉上的享受；食飨之礼的供品无论多么丰富，并不是为了达到味觉上的享受。演奏《清庙》乐章所用的瑟，朱丝做的弦，稀疏的孔，一个人领头唱，只有三个人应和，其目的显然不在于追求动听。但是这才是先王留传下来的真正的音乐呀！又如祭祀大飨的礼，水酒作为上品放在前列，盘子里放的是生肉生鱼，肉汁也不加任何调料，其目的显然也不在于追求好吃。但是这才是先王留传下来的真正的滋味呀！所以说古先圣王制礼作乐，其目的并不是要满足人们口腹耳目的享受，而是要教育人们辨别好坏，回到做人的正道上来。

人生而静，天之性也。感于物而动，性之欲也。①物至知知，然后好恶形焉。②好恶无节于内，知诱于外③，不能反躬④，天理⑤灭矣。夫物之感人无穷，而人之好恶无节，则是物至而人化物⑥也。人化物也者，灭天理而穷人欲者也⑦。于是有悖逆诈伪⑧之心，有淫泆作乱⑨之事。是故强者胁弱，众者暴寡，知者⑩诈愚，勇者苦怯⑪，疾病不养，老幼孤独不得其所。此大乱之道也。

【注释】

①感于物而动，性之欲也：受到外界的影响而变为好动，这是本性受到了引诱。孔颖达疏："感于物而动，性之欲也者，其心本虽静，感于外物而心遂动，是性之所贪欲也。"

②物至知知，然后好恶形焉：人的认识和外界事物相交接，就会表现为两种态度：喜好或厌恶。至，来。第一个"知"意思是心智，第二个"知"意思是交接。

③知诱于外：心智被外物引诱。

④反躬：反省自身。

⑤天理：天性。

⑥人化物：人性被外物所征服。

⑦灭天理而穷人欲者也：人的天性完全丧失，放纵人的欲望。

⑧悖逆诈伪：欺诈虚伪、犯上作乱。

⑨淫泆（yì）作乱：胡作非为，纵欲放荡。

⑩知者：指智者。

⑪勇者苦怯：勇猛者折磨怯懦者。

【译文】

人生下来是喜好安静的，这是人的天性。受到外界的影响而变得好动，这是人性中的欲望。外物之来，人的认识与之交接，就会表现出喜好或厌恶两种态度。如果自身无法节制喜好或厌恶的态度，心智又被外物引诱，自身不能反省和正确对待，那么人的天性就会完全丧失。本来外界事物就在不断地影响着人们，如果再加上人们对于自己的爱好和厌恶不加限制，那就等于外界事物和人一接触，人性被外物完全征服了。人被外界事物完全征服，就等于人灭掉了天生清净之性，无限制地追求欲望的实现。如果发生了这些，人就会产生犯上作乱、欺诈虚伪之心，就会做出纵欲放荡、胡作非为之事。以至于强者压迫弱者，人多的欺负人少的，聪明人欺诈老实人，勇猛者折磨怯懦者，生病的人得不到供养，年老者、年幼者、孤寡的人生活没有保障，得不到关怀。这就是天下大乱的情况啊。

是故先王之制礼乐①，人为之节②。衰麻哭泣③，所以节丧纪也；钟鼓干戚④，所以和安乐⑤也；昏姻冠笄⑥，所以别男女也；射乡食飨⑦，所以正交接也。礼节民心，乐和民声，政以行之，刑以防之。⑧礼乐刑政，四达而不悖⑨，则王道备矣。

【注释】

①制礼乐：制作出礼、乐的规范。

②人为之节：使百姓的欲望得到节制。

③衰（cuī）麻哭泣：有关丧服以及哭泣的规定。

④钟鼓干戚：乐器和舞具。钟鼓是乐器，干戚是舞具。

⑤和安乐(lè):调节安乐。

⑥冠笄:冠礼、笄礼是男子、女子的成年礼。古代男子二十岁举行冠礼,女子十五岁举行笄礼。

⑦射:指乡射礼。乡:指乡饮酒礼。食飨:指代设宴招待宾客。

⑧礼节民心,乐和民声,政以行之,刑以防之:用礼来节制民心,用乐来调节民声至于和谐,用政令加以推行,用刑罚加以防范。民声,人民的声音。

⑨四达而不悖:礼、乐、刑、政这四个方面都得到贯彻而不发生梗阻。

【译文】

所以说古代圣王就制礼作乐,为人们制定出节制欲望的办法:古代圣王制就有关丧服、哭泣的规定,这是用来节制丧事的;古代圣王制就钟鼓干戚等乐器舞具,这是用来调节安乐的;古代圣王制就男女婚姻和男女的成年礼,这是用来让男女有别的;古代圣王制就射乡食飨的礼,这是用来规范百姓交往的。用礼来节制民心,用乐来调和民性,用政令加以推行,用刑罚加以防范。礼、乐、刑、政,如果这四个方面的作用都得到发挥而没有阻拦。也就具备王道政治了。

祭法

王为群姓立七祀：曰司命①，曰中霤②，曰国门③，曰国行④，曰泰厉⑤，曰户，曰灶。王自为立七祀。诸侯为国立五祀：曰司命，曰中霤，曰国门，曰国行，曰公厉⑥。诸侯自为立五祀。大夫立三祀：曰族厉⑦，曰门，曰行。適士⑧立二祀：曰门，曰行。庶士、庶人立一祀，或立户，或立灶。

【注释】

①司命：宫中的小神。

②中霤：负责掌管堂室的神。

③国门：负责掌管城门的神。

④国行：负责掌管国内道路的神。

⑤泰厉：古代帝王死后没有后代的叫作泰厉。

⑥公厉：古代诸侯死后没有后代的叫作公厉。

⑦族厉：古代大夫死后没有后代的叫作族厉。

⑧適(dí)士：指天子的上士、中士、下士和诸侯的上士。適，同“嫡”。

【译文】

天子为天下百姓祭祀七个神，这七个神与人们日常生活密切相关，包括司命之神、负责掌管堂室的神、掌管城门的神、掌管国内道路的神、泰厉之神、户神、灶神。天子自己也祭祀上述七神。诸侯为国内百姓祭祀五个神，这五个神与人们日常生活密切相关，包括司命之神、掌管堂室的神、掌管城门的神、掌管国内道路的神、公厉之神。诸侯自己也祭祀上述这五神。大夫祭祀三个神，这三个神与人们日常生活密切相关，包括族厉之神、门神、路神。嫡士祭祀两个神，分别是门神、路神。普通的士和百姓只祭祀一个神，或祭户神，或祭灶神。

夫圣王之制祭祀也：法施于民则祀之，以死勤事则祀之，以劳定国则祀之，能御大菑[1]则祀之，能捍大患则祀之。是故厉山氏[2]之有天下也，其子曰农，能殖百谷；夏之衰也，周弃继之，故祀以为稷。共工氏之霸九州也，其子曰后土，能平九州，故祀以为社。帝喾能序星辰以著众，尧能赏均刑法以义终[3]，舜勤众事而野死[4]，鲧[5]障鸿水而殛死，禹能修鲧之功，黄帝正名百物以明民共财，颛顼能修之，契为司徒[6]而民成，冥勤其官而水死，汤以宽治民而除其虐，文王以文治，武王以武功，去民之菑。此皆有功烈于民者也。及夫日月星辰，民所瞻仰也；山林、川谷、丘陵，民所取财用也。非此族[7]也，不在祀典。

【注释】

①菑：通“灾”。

②厉山氏：炎帝的名字。

③赏：王引之说是“亶”字的误写。“亶”与“单”通，竭尽。

④舜勤众事而野死：帝舜为操劳国事而死于他乡。

⑤鲧：禹的父亲。

⑥司徒：国家负责教化百姓的官职。

⑦族：犹类也。

【译文】

圣王制定了祭祀的规定：凡是建立法度被百姓树为榜样的就祭祀，凡是为国事而死的就祭祀，凡是为安邦定国建有功勋的就祭祀，凡是能为百姓抵御灾祸的就祭祀，凡是能救百姓大的祸患的就祭祀。所以炎帝之所以能统治天下，他的儿子是神农，能够把种植百谷的方法教给百姓；夏朝日渐衰微，周人的始祖弃能够继承农的未完成的事业，所以被后人奉为稷神来祭祀。当共工氏在九州称霸的时候，他有一个叫后土的儿子，能够区划九州的风土，所以被后人奉为社神来祭祀。帝喾以能根据星辰的运行划定四时而闻名在百姓间，使百姓的劳动与休息各有定时；帝尧能尽量使赏罚分明、刑法公正；帝舜为操劳国事而客死他乡；鲧治理洪水，大功未成而被杀死；夏禹能继续完成父亲的事业；黄帝能给万物取名，使民众贵贱有别，都可共同取用山泽的物产；颛顼能继续改善完美黄帝的事业；契以司徒的官员身份，在教化人民上有所成就；冥作为水官，恪尽职守，死在他的工作岗位上；商汤以宽厚治理百姓，除暴安良；文王用文治，武王用武功，为民众除去纣这个祸害。这些人都是于百姓有功绩的人，所以被人们当作神来祭祀。此外还有日、月、星辰之神，供百姓赖以区分四时，安排农事；还有山林、川谷、丘陵之神，让百姓获得各种财物。不在此类情况的，就不会被人们当作神灵来祭祀了。

祭义

祭不欲数[1]，数则烦，烦则不敬。祭不欲疏[2]，疏则怠[3]，怠则忘。是故君子合诸天道[4]，春禘秋尝[5]。霜露既降，君子履之[6]，必有凄怆[7]之心，非其寒之谓也[8]。春，雨露既濡[9]，君子履之，必有怵惕[10]之心，如将见之[13]。

【注释】

①欲：需要。数（shuò）：次数频繁。

②疏：次数稀疏。

③怠：懈怠。

④合诸天道：按照天的运行规律。

⑤春禘秋尝：在春、秋两季举行的祭祀名称。

⑥履之：指脚踏霜露。

⑦凄怆：凄凉悲伤。

⑧非其寒之谓也：这倒不是说感受到了秋天的寒意，而是触景生情，想起了死去的亲人。

⑨濡：谓湿润大地。

⑩怵惕：怦然心动。

⑬如将见之：希望能像春回大地那样见到死去的亲人。如，而，连词。将（qiāng），希望。

【译文】

祭祀的次数不应该过多，过多就会使人感到厌烦，有厌烦的心理就是对神不敬。祭祀的次数也不能过少，过少就会使人懈怠，有懈怠之心就会让人们忘记逝去的亲人。所以君子做事都是按照天意行事，春天举行杓祭，秋天举行尝祭。霜露下降，覆盖大地，君子脚踏霜露，一定会有凄凉悲伤的感觉，这是因为触景生情，想起了死去的亲人，并不是因为天气的寒冷所致。到了春天，雨露湿润大地，君子脚踏雨露，一定会怦然动心，希望能像春回大地那样重见死去的亲人。

致齐于内①，散齐于外②。齐之日③，思其居处，思其笑语，思其志意，思其所乐，思其所嗜。齐三日，乃见其所为齐者④。

【注释】

①致齐：指致斋。齐，通“斋”，斋戒。致斋是祭祀前三天的一个准备步骤。致斋期间，停止一切工作，必须昼夜居于斋宫，故云“于内”。

②散齐：指散斋。散斋是致斋前七天的一个准备步骤。散斋期间，白天可以照常工作，但是不得举乐，不得吊丧问疾，不得预秽恶之事。散斋是在斋宫外进行，故云“于外”。

③齐之日：致斋期间。这个“齐”指的是致斋。

④乃见其所为齐者：于是见到致斋的对象。

【译文】

致斋三天，必须昼夜居于斋宫，在斋宫内进行；散斋七天，可以在斋宫外进行。在致斋的日子里，要想念死者生前的居处，想念死者生前的一颦一笑、一言一语，想念死者生前的志向，想念死者生前喜欢做什么，想念死者生前喜欢吃什么。致斋三天以后，专心致志地想念死去的亲人，到了最后就仿佛真正见到了将要祭祀的亲人。

君子生则敬养①，死则敬享②，思终身弗辱也③。君子有终身之丧④，忌日⑤之谓也。忌日不用，非不祥也，⑥言夫日⑦，志有所至，而不敢尽其私⑧也。

【注释】

①君子生则敬养：君子对于父母，在他们活着时要尽心奉养。敬养，尽心供养。

②敬享：虔诚祭飨。

③思终身弗辱也：终身牢记不做有辱父母的事。

④终身之丧：孝子一生都要在忌日那天举行的追思活动。

⑤忌日：主要指父母亲去世的日期。

⑥忌日不用，非不祥也：忌日这天并不做其他事情，不是说这一天不吉利。

⑦言夫日：是说到了那一天。夫，指示代词，这，那。

⑧不敢尽其私：不敢尽情于个人的私事。

【译文】

父母在世的时候，君子要对他们尽心奉养，在父母去世后要虔诚地祭祀，让他们得享供品，思索终身不做玷辱父母之事。孝子一生都要在忌日那天举行追思活动，这就是忌日的缘由。忌日这天并不做其他事情，不是说这一天做事不吉利，是说到了忌日这一天，全部心思都在想念父母，不敢尽情于个人的私事。

曾子曰："孝有三①：大孝尊亲⑦，其次弗辱③，其下能养。"公明仪④问于曾子曰："夫子可以为孝乎⑤？"曾子曰："是何言与⑥！是何言与！君子之所谓孝者，先意承志⑦，谕父母于道⑧。参直养者也⑨，安能为⑩孝乎？"

【注释】

①三：指三等。

②尊亲：以自己的高尚道德和优秀才能赢得社会尊敬，从而使双亲引以为豪。

③弗辱：不玷辱父母的声名。

④公明仪：人名，曾子弟子。

⑤夫子可以为孝乎：老师您的作为可以称得上"孝"字了吧？为，通"谓"，称得上。

⑥是何言与：你说的这是什么话！

⑦先意承志：是不等父母有所表示就把父母想办的事办了。

⑧谕父母于道：使父母放心自己的所作所为都是合乎正道的。

⑨参:曾子名参。此处是曾子自称。直:但,仅仅。

⑩为:通“谓”,称作。

【译文】

曾子说:“孝有三等:第一等的孝是能让父母引以为豪,光父耀母,第二等的孝是不玷辱父母的声名,第三等的孝是能够供养父母。”曾子的弟子公明仪向曾子问道:“老师您可以说是做到了‘孝’字吧?”曾子答道:“你说的这是什么话!你说的这是什么话!君子所谓的孝,在父母还没有表达自己的愿望之前就把父母想办的事办好了,同时又能使父母放心自己的所作所为都是合乎正道的。我只不过是做到了供养父母罢了,怎能说是做到了‘孝’字呢!”

曾子曰:“身也者,父母之遗体也。[1]行[2]父母之遗体,敢不敬乎?居处[3]不庄,非孝也;事君不忠,非孝也;莅官[4]不敬,非孝也;朋友不信,非孝也;战陈[5]无勇,非孝也。五者不遂[6],灾及于亲,敢不敬乎?亨孰膻芗[7],尝而荐之[8],非孝也,养也。君子之所谓孝也者,国人称愿然曰[9]:‘幸哉有子如此[10]!’所谓孝也已。”

【注释】

①身也者,父母之遗体也:自己的身体乃是父母身体的延续。

②行:使用。

③居处:指日常生活中的仪容举止。

④莅官:位居官位。

⑤战陈:即战阵,临阵作战。陈,“阵”的古字。

⑥五者不遂:五个方面有一点没有做到。遂,成,做到。

⑦亨孰膻芗:加工制作一些美味的食物。亨,“烹”的古字。孰,“熟”的古字。膻,陈戍国校改作“馨”。芗,通“香”。

⑧尝而荐之:品尝过后再向父母推荐,进献给父母。

⑨称愿:称美喝彩。然:转折连词,而。

⑩幸哉有子如此:有这样的儿子真是幸运啊!

【译文】

曾子说:“自己的身体就是父母身体的延续。使用父母身体的延续来做事,怎么能不恭恭敬敬、不小心翼翼呢?日常生活中仪容举止不端重,这就是不孝;为君主做事而没有忠诚的心,这就是不孝;身居官位而不兢兢业业,这就是不孝;对待朋友没有诚信,这就是不孝;临阵作战而不勇敢,这就是不孝。这五个方面有一点做不到,祸患就会殃及父母身体的延续,由此看来,怎么能不恭恭敬敬、小心翼翼呢?制作佳肴美味,品尝之后进献给父母,这不能算作是孝,只能算作是供养。君子所说的孝,是全国的人都称羡喝彩地说:‘有这样的儿子,做父母的真是有福气呀!’这才是所谓的孝啊。”

曾子曰:“夫孝,置之①而塞乎天地,溥之而横乎四海②,施诸后世而无朝夕,推而放诸东海而准③,推而放诸西海而准,推而放诸南海而准,推而放诸北海而准。《诗》云:‘自西自东,自南自北,无思不服。④’此之谓也。”

【注释】

①置之:把孝竖立起来。置,通“植”。

②溥之:把孝平放起来。溥,本亦作“敷”,散布。横:充满,遮盖。

③推而放诸东海而准:推广到东海是准则。放诸,至于。

④自西自东,自南自北,无思不服:从东到西,从南到北,没有人不遵从。思,助词,没有意义。

【译文】

曾子说:“所谓的孝,把它竖起来可以充斥天地,把它平着放可以覆盖四海,流传到后代也被人们不分日夜地永远遵循奉行,推广到东海是人们的行为准则,推广到西海是人们的行为准则,推广到南海是人们的行为准则,推广到北海是人们的行为准则。《诗经》上说:‘从东到西,从南到北,没有人不遵从。’说的就是这种情况。”

乐正子春①下堂而伤其足,数月不出,犹有忧色②。门弟子③

曰："夫子之足瘳矣[4]，数月不出，犹有忧色，何也？"乐正子春曰："善如尔之问也[5]！善如尔之问也！吾闻诸曾子，曾子闻诸夫子[6]曰：'天之所生，地之所养，无人为大[7]。父母全而生之[8]，子全而归之[9]，可谓孝矣。不亏[10]其体，不辱[11]其身，可谓全矣。'故君子顷步[12]而弗敢忘孝也。今予忘孝之道，予是以有忧色也。壹[13]举足而不敢忘父母，壹出言而不敢忘父母。壹举足而不敢忘父母，是故道而不径[14]，舟而不游[15]，不敢以先父母之遗体行殆[16]。壹出言而不敢忘父母，是故恶言不出于口，忿言不反于身[17]。不辱其身，不羞其亲，可谓孝矣。"

【注释】

①乐正子春：人名，曾子弟子。

②忧色：忧虑的脸色，愁容。

③门弟子：指及门弟子。

④夫子：这里指乐正子春。瘳（chōu）：病愈。

⑤善如尔之问也：你问得真好啊！善如：也作"善乎"。本句是倒装句。

⑥夫子：这里指孔子。

⑦无人为大：没有比人更高贵的了。

⑧全：完整无缺。生之：指生下儿子。

⑨归之：归还父母。

⑩亏：损伤。

⑪辱：玷辱。

⑫顷（kuǐ）步：指半步。顷，通"跬"。古代称一举足叫作跬，再举足叫作步。

⑬壹：凡是。

⑭道而不径：走大路而不走小路。

⑮舟而不游：乘船过河而不游泳过河。

⑯行殆：做危险的事。

⑰忿言：指其他人的辱骂。不反于身：不会波及自身。身，指自身。

【译文】

乐正子春下堂时扭伤了脚，好几个月不出门，一脸愁容。他的弟子就问道："老师的脚伤已经痊愈了，好几个月不出门，还一脸愁容，因为什么呢？"乐正子春说："你问得太好了！你问得太好了！我听曾子说过，曾子也是从孔子那儿听到：'天地生养的万物中，没有比人更高贵的。父母把儿子完好无缺地生下来，儿子也要完整地把身体归还父母，这才叫作孝。不让自身受到损伤，不使自身声名受到玷污，这才叫作完整。'所以君子每走半步都不敢忘掉孝道。如今我的脚受伤了，这就是忘掉了孝道啊，所以我才面有愁容啊。每抬一次脚都不敢把父母忘掉，每说一句话都不敢把父母忘掉。因为每抬一次脚都不敢把父母忘掉，所以走路的时候走大路而不走小路，过河的时候要乘船渡过而不游泳渡河，不敢拿已故父母的遗体做危险的事。因为每说一句话都不敢把父母忘掉，所以从不说伤害他人的话，别人的辱骂也不能波及自己身上。不让自己的身体受辱，也就等于没让父母蒙羞，这就可以称作孝了。"

祭统

凡治人之道，莫急于礼。礼有五经[①]，莫重于祭。夫祭者，非物自外至者也，自中出，生于心也。心怵[②]而奉之以礼。是故唯贤者能尽祭之义。

【注释】

①五经：指吉礼、凶礼、宾礼、军礼、嘉礼五礼。

②心怵：即《祭义》首节所说的“怵惕之心”和“凄怆之心”。

【译文】

在所有治理百姓的方法之中，最重要的莫过于礼了。礼有吉礼、凶礼、宾礼、军礼、嘉礼五种，所有这些最重要就是祭礼。所谓的祭礼，并不是外界的事物强迫你如此，而是发自内心深处的自觉行动。人们触景生情，不由得就会想起死去的亲人，我们把这种感情的表达就遵为祭礼。所以只有贤德的人才能完全理解祭礼的意义。

贤者之祭也，必受其福，非世所谓福也[①]。福者，备也；[②]备者，百顺之名也。无所不顺者之谓备。言：内尽于己，而外顺于道也。忠臣以事其君，孝子以事其亲，其本一也。上则顺于鬼神，外则顺于君长，内则以孝于亲，如此之谓备。唯贤者能备，能备然后能祭。是故贤者之祭也，致其诚信与其忠敬，奉之以物，道之以礼，安之以乐，参之以时，明荐之而已矣，不求其为。此孝子之心也。祭者，所以追养继孝也。孝者，畜也。[③]顺于道，不逆于伦，是之谓畜。是故孝子之事亲也有三道焉：生则养，没则丧，丧毕则祭。养则观其顺也，丧则观其哀也，祭则观其敬而时也。尽此三道者，孝子之行也。

【注释】

①非世所谓福也：所得到的“福”并不是世俗所说的福。世俗的所谓福，是求神保佑，赐以寿考吉祥等。贤者所说的福，是内求于己，即一切事情都顺着理办，这样做的结果，不是求福而福自至。

②福者，备也：以“备”来解释“福”，这是所谓声训。古音“福”与“备”相近。

③孝者，畜也：这也是声训。古音“孝”、“畜”二字音近。

【译文】

贤德的人举行的祭祀，一定会受到鬼神所赐的福，所得到的“福”并不是世俗所说的福。贤德的人的福，就是备的意思。所谓的备，是一切事情都顺其自然的意思。没有不顺的，这就叫备。其意思是说，对自己，内求于己，对外界，顺着道理办事。忠臣用忠侍奉国君，孝子用孝服侍双亲，忠和孝都来自一个本源。对上则顺着鬼神，对外则顺着君长，对内则顺着父母，这样做了才叫备。只有贤德的人才能做到备，能做到备才能得到有鬼神赐福的祭。因此贤德之人的祭祀，不过是竭尽自己的诚信与忠诚、恭敬，奉献祭品，以礼来办祭祀，和之以音乐，按时祭祀，洁净地荐献而已，并无私心要神保佑赐福，这才是孝子举行祭祀时的心情。所谓的祭祀，是用来继续完成对父母的供养和孝道。所谓孝，就是这种供养和孝道的积蓄。顺着办理，不违逆人伦，这才叫孝的积蓄。因此孝子侍奉父母有三件事：父母生前要好好供养，父母死后依礼服丧，父母服丧期满要按时祭祀。在供养父母上可以看出做儿子的是否孝顺，在为父母服丧上可以看出他是否哀伤，在为父母祭祀上可以看出他是否虔敬和按时。把这三件事都做好了，才配称作孝子的行为。

经解

孔子曰："入其国，其教可知也。[1]其为人也，温柔敦厚，《诗》教也；疏通知远[2]，《书》教也；广博易良[3]，《乐》教也；絜静精微[4]，《易》教也；恭俭庄敬，《礼》教也；属辞比事[5]，《春秋》教也。故《诗》之失愚，《书》之失诬，《乐》之失奢，《易》之失贼，《礼》之失烦，《春秋》之失乱。[6]其为人也，温柔敦厚而不愚，则深[7]于《诗》者也；疏通知远而不诬，则深于《书》者也；广博易良而不奢，则深于《乐》者也；絜静精微而不贼，则深于《易》者也；恭俭庄敬而不烦，则深于《礼》者也；属辞比事而不乱，则深于《春秋》者也。

【注释】

①入其国，其教可知也：进入一个国家，只要看看那里的风俗，就可以知道该国的教化如何了。

②疏通知远：通晓远古之事。因为《尚书》是讲虞、夏、商、周的历史的。

③广博易良：多才多艺，心地平易善良。因为乐所包甚广，略等于今天的文艺界，而乐的主要功能是和同。

④絜静精微：清洁沉静、洞察细微。絜，通"洁"。

⑤属辞比事：善于辞令和排比事情。

⑥故《诗》之失愚六句：所以，《诗》学过了头，就会变得愚蠢；《书》学过了头，就会陷入瞎说；《乐》学过了头，就会陷入随便；《易》学过了头，就会陷入迷信；《礼》学过了头，就会变得烦琐；《春秋》学过了头，就会陷入作乱犯上。

⑦深：透彻。

【译文】

孔子说："到一个国家，只要观察百姓的风俗，就可以知道这个国家的教化如何了。他们的为人，如果显得温和柔顺、朴实忠厚，那便是《诗》教的结果；如果是通达人情世故，知道久远的历史，那便是《书》教的结果；如果是多才多艺，心地平易善良，那便是《乐》教的结果；如果是清洁沉静、洞察细微，那便就是《易》教的结果；如果是端庄恭敬，那便是《礼》教的结果；如果是善于辞令、铺叙事情，那便是《春秋》教的结果。所以，《诗》学过了头，就会陷入愚蠢；如果《书》学过了头，就会言过其实；如果《乐》学过了头，就会变得铺张奢侈；如果《易》学过了头，就会陷入迷信；如果《礼》学过了头，就会陷入烦琐；如果《春秋》学过了头，就会陷于作乱犯上。作为一个普通人，如果温和柔顺、朴实忠厚而不陷入愚蠢，那就是真正学好了《诗》；如果通达人情世故，知道久远的历史而不言过其实，那就是真正学好了《书》；如果心胸广阔坦荡而不变得铺张奢侈，那就是真正学好了《乐》；如果清洁沉静、洞察细微而不陷入迷信，那就是真正学好了《易》；如果端庄恭敬而不陷入烦琐，那就是真正学好了《礼》；如果善于辞令和排比事情而不作乱犯上，那就是真正学好了《春秋》。

"天子者，与天地参①。故德配天地，兼利万物，与日月并明，明照四海而不遗微小。其在朝廷，则道仁圣礼义之序②；燕处，则听《雅》、《颂》之音；③行步，则有环佩④之声；升车，则有鸾和⑤之音。居处有礼，进退有度⑥，百官得其宜，万事得其序。《诗》云：'淑人君子，其仪不忒。其仪不忒，正是四国。'⑦此之谓也。发号出令而民说⑧，谓之和；上下相亲，谓之仁；民不求其所欲而得之，谓之信；⑨除去天地之害，谓之义⑩。义与信，和与仁，霸王⑪之器也。有治民之意而无其器，则不成。

【注释】

①与天地参：所谓的天子，就是同天、地相比成为第三的人。参，通"三"。

②道：说、讲。序：通"绪"，指事业。

③燕处：悠闲地居住。《雅》、《颂》之音：指《诗经》中的两类乐曲。雅乐是朝廷的乐曲，颂是宗庙祭祀的乐曲。

④环佩：佩戴的玉环和玉饰。

⑤鸾和："鸾"与"和"是两种车铃。鸾是放在车衡的铃铛，和是放在车轼的铃铛。

⑥度：法度、规矩。

⑦淑人君子，其仪不忒。其仪不忒，正是四国：我们的国君是个善人君子，他的言行从不走样。因为他的言行从不走样，所以是四方各国的好榜样。

⑧说："悦"的古字，愿意。

⑨民不求其所欲而得之，谓之信：百姓想要的东西不用开口就能得到，这叫作信。

⑩义：适宜的意思。

⑪霸王：指称霸称王。

【译文】

"所谓天子，就是就是同天、地相比成为第三的人。所以天子的德行足以和天地相匹配，天子的恩惠遍及世上万物，天子的明亮就好比太阳和月亮，普照天下而不遗漏任何细小的角落。在朝廷上，他所说所讲都是仁爱、圣德、有礼、有义的事；悠闲地休息时，听的都是《雅》、《颂》这样中正和平的音乐；走路的时候，伴随的都是身上的佩玉发出有节奏的声响；登车的时候，车上的鸾和车铃发出悦耳的声音。日常生活中都是按礼行事；走路与登车，都按一定的规矩来；百官各得其所，万事井井有条。《诗经》上说：'我们的国君是个善人君子，他的言行规矩。因为他的言行规矩，是四方各国的典范。'说的就是这种情况。天子发号施令而百姓心悦诚服，这叫作'和'；天子和百姓相亲相爱，这叫作'仁'；百姓不用开口就能得到想要的东西，这叫作'信'；为百姓消除天灾人祸，这叫作"义"。义与信，和与仁，是称霸称王的工具。有治理百姓的愿望，而无称霸称王的工具，是不会成功的。

"礼之于正国[①]也，犹衡[②]之于轻重也，绳墨[③]之于曲直也，规矩[④]之于方圜也。故衡诚县[⑤]，不可欺以轻重；绳墨诚陈，不可欺以曲直；规矩诚设，不可欺以方圜；君子审礼，不可诬以奸诈。是故，隆礼由礼[⑥]，谓之有方[⑦]之士；不隆礼、不由礼，谓之无方之民。敬让之道也[⑧]。故以奉宗庙则敬，以入朝廷则贵贱有位，以处室家则父子亲、兄弟和，以处乡里则长幼有序。"孔子曰："安上治民，莫善于礼。[⑨]"此之谓也。

【注释】

①正国：指治国。

②衡：秤，即称量轻重的工具。

③绳墨：木工用来画线的工具。

④规矩：规和矩，是匠人用来校正圆形和方形的两种工具。

⑤衡诚县：如果把秤认真地使用起来。诚，真正地、认真地。县，通"悬"。

⑥隆礼：指尊重礼、重视礼。由礼：指实行礼的要求。

⑦有方：有道。

⑧敬让之道也：尊敬和谦让的道理。这句话是为下面四句话而发。

⑨安上治民，莫善于礼：能够安抚诸侯、治理百姓的，最好的莫过于礼了。

【译文】

"把礼用于治国之道，就像用秤来称轻重，用绳墨来画曲线直线，用规和矩来画方形圆形。所以，如果认真地使用秤，就欺骗不了别人是轻是重；认真地把绳墨陈设那里，就欺骗不了别人是曲线是直线；认真地把规和矩陈设那里，就欺骗不了别人是方形是圆形；如果君子精通于礼，那么任何奸诈伎俩也欺骗不了他。所以，尊重礼、实行礼的人，叫作有道的人；不尊重礼、不实行礼的人，叫作无道的百姓。礼的运用以尊敬、谦让为贵，把礼的尊敬、谦让运用到侍奉宗庙上，就会让人们恭敬；把礼的尊敬、谦让运用到朝廷之上，那么君臣就会贵贱有别；把礼的尊敬、谦让运用到家庭之内，就会父子相亲、兄弟和睦；把礼的尊敬、谦让运用到乡里之中，就会形成长幼有序、尊老爱幼的风气。"孔子说："能够安抚诸侯、治理百姓的，最好的莫过于礼了。"说的就是这个意思。

故朝觐之礼[1]，所以明君臣之义也；聘问之礼[2]，所以使诸侯相尊敬也；丧祭之礼[3]，所以明臣子之恩也；乡饮酒之礼[4]，所以明长幼之序也；昏姻[5]之礼，所以明男女之别也。夫礼，禁乱之所由生，犹坊止水之所自来[6]也。故以旧坊为无所用而坏之者，必有水败[7]；以旧礼为无所用而去之者，必有乱患。故昏姻之礼废，则夫妇之道苦[8]，而淫辟[9]之罪多矣。乡饮酒之礼废，则长幼之序失，而争斗之狱[10]繁矣。丧祭之礼废，则臣子之恩薄，而倍死忘生[11]者众矣。聘、觐之礼[12]废，则君臣之位失，诸侯之行恶，而倍畔、侵陵之败起矣。

【注释】

①朝觐之礼：诸侯朝见天子的礼。

②聘问之礼：诸侯之间互派使臣访问之礼。

③丧祭之礼：为父母或者君主守孝三年、按时祭祀的礼。

④乡饮酒之礼：指周代诸侯的乡大夫三年大比选拔出来的贤者、能者，与之饮酒，叫作乡饮酒礼。乡饮酒礼除了贡献贤能外，还要教民尊老，有正齿位之礼。

⑤昏姻：指嫁娶。

⑥坊：堤防。止水之所自来：防止水的泛滥。

⑦水败：水灾、水患。

⑧苦：此处指夫妻不和。

⑨淫辟：也写作“淫僻”，意思是伤风败俗。

⑩狱：指诉讼、官司。

⑪倍死忘生：背叛死者、忘记祖先。倍：通“背”。

⑫聘、觐之礼：指上文“朝觐之礼”。

【译文】

所以说制定了诸侯朝见天子的礼，是为了表明君臣之间的名分；制定了诸侯之间互派使臣访问的礼，是为了让诸侯互相尊敬；制定了为父母或者君主守孝三年、按时祭祀的礼，是为了表明臣子不应忘记君亲的恩情；制定了乡饮酒的礼，是为了表明尊老尊长的道理；制定了男婚女嫁的礼，是为了表明男女有别。礼,可以用来消除祸乱发生的根源,就像堤防能够防止河水的泛滥那样。所以,如果觉得原先的堤防没有用处,而把堤防加以破坏,必定会发生水灾;认为古时候的礼没有用处,而把古礼废弃不用的,必定会发生动乱和灾难。因此说,如果废弃男婚女嫁的礼,夫妇之间的关系就不会和谐,而伤风败俗、淫乱之事就会增多了;废弃乡饮酒的礼,就会导致人们不分老幼,而互相争斗的诉讼就多了;废弃为父母或者君主守孝三年、按时祭祀的礼,就会导致做臣子的忘掉君亲的恩情,而背叛死者、忘记祖先的人就多了;废弃诸侯朝见天子的礼和诸侯之间互派使臣访问之礼,就会导致君臣之间的地位、名分丧失,诸侯的行为恶劣,而背叛君主、互相侵占的祸乱就会产生了。

故礼之教化也微①,其止邪也于未形②,使人日徙善远罪③而不自知也,是以先王隆之也。《易》曰:"君子慎始。差若豪氂,缪以千里。④"此之谓也。

【注释】

①礼之教化也微:礼的教化作用是从看不见的地方开始的。

②止邪:消灭邪恶。未形:萌芽状态。

③日:每日。徙善远罪:远离罪恶,亲近善良。

④君子慎始。差若豪氂,缪以千里:君子对于事情的开始非常谨慎重视。开始的时候尽管只是一点不起眼的差错,结果却会导致极大的祸害。豪氂(lí):即毫厘。豪,通"毫"。氂,"厘"的古字。缪:通"谬",谬误。

【译文】

所以,礼的教化作用从事物的微小阶段就开始了,礼的消除邪恶是在邪恶尚未形成的时候,礼使百姓每天不知不觉中弃恶扬善,所以先王非常重视礼。《易》上说:"君子对于事情的开始非常谨慎重视。若有丝毫的差错,结果就会导致极大的祸害。"说的就是这个道理。

哀公问

哀公问于孔子曰："大礼何如？君子之言礼，何其尊也？"孔子曰："丘也小人，不足以知礼。[①]"君曰："否。吾子言之也！"孔子曰："丘闻之：民之所由生，礼为大。非礼无以节事天地之神也，非礼无以辩君臣、上下、长幼之位也，非礼无以别男女、父子、兄弟之亲，昏姻疏数[②]之交也。君子以此之为尊敬然。然后以其所能教百姓，不废其会节。有成事，然后治其雕镂、文章、黼黻以嗣[③]。其顺之，然后言其丧筭[④]，备其鼎俎，设其豕腊[⑤]，修其宗庙，岁时以敬祭祀，以序宗族。即安其居，节[⑥]丑其衣服[⑦]，卑其宫室，车不雕幾[⑧]，器不刻镂，食不贰味，以与民同利。昔之君子之行礼者如此。"

【注释】

①丘也小人，不足以知礼：我孔丘只是一个普通百姓，没有资格来谈论礼。这是孔子自谦的话。

②疏数(shuò)：本义是稀疏和稠密，此处指关系的亲疏。

③以嗣：据《孔子家语·问礼》，此二字当作"以别尊卑上下之等"，文意方通。

④筭：同"算"，指有关丧礼的各种制度，尤其是五服年月制度。

⑤腊(xī)：干肉。

⑥节：也写作"处"，是。

⑦丑：类的意思。丑其衣服：指什么人穿什么衣服。

⑧幾(qí)：装饰性的凸凹花纹。

【译文】

哀公问孔子说："究竟大礼是什么呢？您在谈到礼的时候，为什么那样的尊敬呢？"孔子回答说："我孔丘只是一个小人物，没有资格来谈论礼。”哀公说：“不要这样说。请您一定讲一讲。”孔子说：“我听说：百姓的一生，礼是最要紧的事。没有礼，就无法按照一定的规矩敬奉天地之间的鬼神；没有礼，就无法分辨君臣、上下、长幼的地位；没有礼，就无法区别男女、父子、兄弟之间的关系，以及婚姻亲属、朋友之间关系的远近。君子因为这些在谈到礼的时候态度就十分尊敬。然后才尽其君子最大所能来教化百姓，使他们做事的时候不失礼节。有了成效，然后再讲究何类人使用何种宫室雕刻、用何种旌旗、穿何种礼服，以区别尊卑上下等级的差异。百姓都顺从君子的教导，然后告诉他们丧葬的礼节，让百姓准备好鼎俎之类的祭器，准备好猪肉干肉之类的祭品，修整宗庙，每年按时祭祀，使得族人能够排好序列。此后，就教导他们在合适的地方安居，穿符合身份的衣服，住的房子不可太高大，乘的车子不可雕饰图案，用的器物不可雕饰花纹，吃饭也不可太讲究，不但教导百姓如此，君子自己也和百姓一样。从前的君子就是这样行礼的。”

公曰：“今之君子胡莫之行也？”孔子曰：“今之君子，好实①无厌，淫德不倦，怠荒敖②慢，固③民是尽，午④其众以伐有道，求得当欲不以其所。昔之用民者由前，今之用民者由后，今之君子莫为礼也。”

【注释】

①实：郑玄、孔颖达解释作“财货”，与下文的“固民是尽”意思重复。而《大戴礼》作“色”，是，今从之。

②敖：通“傲”，傲慢。

③固：陈皓说是“固获”之固，意思是取之用力。

④午：通“忤”，忤逆、违背。

【译文】

哀公问道：“现在的君子为何不这样做呢？”孔子说：“现在的君子，好色之心没有满足，品德败坏而不知悔改，荒淫怠惰傲慢，搜刮民财而没有限制，违背民意而征伐有道的国家，追求自己的欲望而无所不用其极。从前的君子是按照前一段话去对待百姓，现在的君子却是按照后一段话去对待百姓，所以说，现在的君子都是不讲究礼的。”

孔子侍坐于哀公。哀公曰：“敢问人道谁为大？”孔子愀然[1]作色而对曰：“君之及此言也，百姓之德也。固[2]臣敢无辞而对：人道政[3]为大。”

【注释】

①愀(qiǎo)然：形容动容的样子。

②固：固陋、虽然。

③政：为政，从事政务。

【译文】

孔子陪坐在哀公身边。哀公问：“请问在做人的道理中，哪个最重要呢？”孔子听后肃然动容地回答道：“您能够问到这句话，真是天下百姓的福气。虽然我知道得不多，但也敢于回答：在所有做人的道理中，‘政’是最重要的。”

公曰：“敢问何谓为政？”孔子对曰：“政者，正也。君为正，则百姓从政矣。君之所为，百姓之所从也。君所不为，百姓何从？”公曰：“敢问为政如之何？”孔子对曰：“夫妇别，父子亲，君臣严，三者正，则庶物[1]从之矣。”公曰：“寡人虽无似也，愿闻所以行三言之道，可得闻乎？”孔子对曰：“古之为政，爱人为大。所以治爱人，礼为大。所以治礼，敬为大。敬之至矣，大昏[2]为大。大昏至矣！大昏既至，冕而亲迎，亲之也。亲之也者，亲之也[3]。是故君子兴敬为亲，舍敬是遗亲也。弗爱不亲，弗敬不正。爱与敬，其政之本与！”

【注释】

①庶物：指众事，万事。

②大昏：国君的结婚典礼。

③亲之也：作“敬之也”。

【译文】

哀公问道："请问什么是'为政'呢？"孔子回答说："所谓政，就是'正'的意思。国君自身正，那么百姓也会跟随着正了。国君所做的事情，就是百姓跟从的榜样。国君如果不这样做，那么百姓又如何跟从、以什么为榜样呢？"哀公又问："请问为政应该怎样去做呢？"孔子回答道："男女有别，父子相亲，君臣相敬，做好了这三件事，天下万事也就跟着做好了。"哀公说："我虽然不肖，却很想听一听怎样做好这三件事的，能听您讲一讲吗？"孔子回答说："古人的为政，最重要的就是能够爱护他人。要做到爱护他人，礼最重要。要做到礼，敬最重要。要做到尊敬的极致，婚姻最重要。婚姻是最最重要的了！大婚当天，要戴着礼帽穿着礼服亲自去迎娶，这是表示对新娘的亲近之意。所谓亲近她，实际上就是尊敬她。因此君子以尊敬为亲，抛开尊敬也等于抛开了亲。没有爱也就没有亲，没有敬也就没有正。亲近和尊敬，这就是为政的根本吧！"

公曰："寡人愿有言然。冕而亲迎，不已重[①]乎？"孔子愀然作色而对曰："合二姓之好[②]，以继先圣之后，以为天地、宗庙、社稷之主，君何谓已重乎？"公曰："寡人固。不固，焉得闻此言也？寡人欲问，不得其辞，请少进。"孔子曰："天地不合，万物不生。大昏，万世之嗣也，君何谓已重焉？"孔子遂言曰："内以治宗庙之礼，足以配天地之神明。出以治直言之礼[③]，足以立上下之敬。物耻足以振之，国耻足以兴之。为政先礼，礼其政之本与！"孔子遂言曰："昔三代[④]明王之政，必敬其妻子也，有道。妻也者，亲之主也，敢不敬与？子也者，亲之后也，敢不敬与？君子无不敬也，敬身为大。身也者，亲之枝也，敢不敬与？不能敬其身，是伤其亲。伤其亲，是伤其本。伤其本，枝从而亡。三者，百姓之象也。身以及身，子以及子，妃以及妃[⑤]，君行此三者，则忾[⑥]乎天下矣，大王[⑦]之道也。如此，国家顺矣。"

【注释】

①重：太，甚。

②合二姓之好：指缔结婚姻。上古同姓不婚。

③出以治直言之礼：在朝廷上，夫妇共同发布政令。

④三代：指夏、商、周三个朝代。

⑤妃：通“配”，配偶的意思。

⑥忾(xì)：到，至。

⑦大王：大，通“太”。太王，即古公亶父，周文王的祖父。

【译文】

哀公说：“我想插问一句话。戴着礼帽穿着礼服亲自去迎娶，这样是不是太隆重了？”孔子肃然动容地回答道：“缔结婚姻是为了撮合两家的好事，以继承先圣的事业，传宗接代，成为天地、宗庙、社稷的主人，又怎会说是太隆重了呢？”哀公说：“我孤陋寡闻。如果不是孤陋寡闻，怎么会听到您这一番高论呢？我还想问，但又不知如何来说，请您继续讲下去吧！”孔子就接着说：“天地不互相交合，万物就无法生长。缔结婚姻就是要传宗接代，继承万世之业，又怎会说是太隆重了呢？”孔子于是就接着说：“缔结婚姻以后，在家夫妇共同主持宗庙祭祀之礼，他们的身份足以和天地神明相般配；在朝廷上，夫妇共同发布政令，足以确立上上下下的尊敬。臣如果犯了错误，可以用礼纠正；国君如果犯了错误，可以用礼补救。为政就是要把礼放在首要位置，礼也是为政的根本吧！”孔子又接着说：“从前夏、商、周三代贤德的天子为政，一定要尊敬他们的妻子和儿子，这是有道理的。妻子，就是供养父母生前身后的人，怎么可以不尊敬呢？儿子，就是父母的后代，怎么可以不尊敬呢？君子没有不尊敬的，又以尊敬自身为最重要的。因为自身就是父母生出的枝叶，怎么可以不尊敬呢？如果不尊敬自身，就是伤害自己的父母。伤害自己的父母，等同于伤害自己的根本。伤害自己的根本，枝叶也就跟着死掉。以上说的自身、妻子、儿子这三个也是百姓的象征。由尊敬自身推广到尊敬百姓的自身，由尊敬自己的妻子推广到尊敬百姓的妻子，由尊敬自己的儿子推广到尊敬百姓的儿子，如果国君能够做到以上这三条，那么天下所有人都可以受到尊敬了。这也是太王治理百姓的方法。如果能够做到这样，国家就容易治理了。”

公曰：“敢问何谓敬身？”孔子对曰：“君子过言则民作辞，过动则民作则。君子言不过辞，动不过则，百姓不命而敬恭。如是，则能敬其身。能敬其身，则能成其亲矣。”

【译文】

哀公问道：“请问什么叫作尊敬自身呢？”孔子回答说：“君子说错的话百姓也会当作圣旨；君子做错的事百姓也会当作标准。如果君子能够不说错话，不做错事，老百姓就会不待命令而做到恭敬。如果能这样做了，就可以做到尊敬自身了。能够尊敬自身，也就是成就了父母的美名。”

公曰：“敢问何谓成亲？”孔子对曰：“君子也者，人之成名也。百姓归之名，谓之君子之子，是使其亲为君子也，是为成其亲之名也已。”孔子遂言曰：“古之为政，爱人为大。不能爱人，不能有①其身。不能有其身，不能安土。不能安土，不能乐天。不能乐天，不能成其身。”

【注释】

①有：保住、保护。

【译文】

哀公问道：“请问怎样才能给父母脸上争光？”孔子回答说：“所说的‘君子’，就是人的一种美名。百姓总结送他的称呼，说他是‘君子的儿子’，也就间接说他的双亲是君子了，这样就给他的父母争得美名了。”孔子又接着说道：“古人的政治中，最重要的是能够爱人。不能爱人，就不能保护自己。不能保护自身，就不能安居乐业。不能安居乐业，就不能乐天知命。不能乐天知命，就不能成就自身。”

公曰：“敢问何谓成身？”孔子对曰：“不过乎物。”公曰：“敢问君子何贵乎天道也？”孔子对曰：“贵其不已，如日月东西相从而不已也，是天道也。不闭其久，是天道也。无为而物成，是天道也。已成而明，是天道也。①”

【注释】

①贵其不已，如日月东西相从而不已也，是天道也。不闭其久，是天道也。无为而物成，是天道也。已成而明，是天道也：大意为看重它的永不止息，就好像日月的东升西落永不止息，这就是天道。看重它的开通无阻，保持永久，这就是天道。看重它的无所作为而万物皆成，这就是天道。看重它的万物皆成而又明明白白，这就是天道。

【译文】

哀公问道："请问怎样才能够成就自身呢？"孔子回答说："要想成就自身，就要凡事都不做错。"哀公又问道："请问君子为何如此看重天道呢？"孔子回答说："看重它的永不停止，就好像太阳、月亮的东升西落，从不停止，这就是天道。看重它的开通无阻，保持永久，这就是天道。看重它的无所作为却万物生长，这就是天道。看重它的万物生长而又明明白白，这就是天道。"

公曰："寡人蠢愚、冥烦，子志[1]之心也！"孔子蹴然辟[2]席而对曰："仁人不过乎物，孝子不过乎物。是故仁人之事亲也如事天，事天如事亲，是故孝子成身。"公曰："寡人既闻此言也，无如后罪何！"孔子对曰："君之及此言也，是臣之福也。"

【注释】

①志：记住。

②蹴（cù）然：形容惊魂不安的样子。辟：通"避"，躲开。

【译文】

哀公说："我愚蠢不开窍又冥顽不灵，请您记在心里，多加指教。"孔子听了哀公的话，惊魂不安，连忙离开座位，说："仁人凡事不犯错误，孝子凡事不犯错误。所以仁人孝敬父母如同侍奉上天，尊敬上天如同尊敬父母，所以孝子能够成就自身。"哀公说："我听到您这一番高论，已经大概明白了，只是万一以后再犯了错误怎么办？"孔子回答说："您能如此说，真是做臣子的福气啊！"

缁衣

子言之曰："为上易事也，为下易知也，则刑不烦矣。"子曰："好贤如《缁衣》①，恶恶如《巷伯》②，则爵不渎而民作愿，刑不试③而民咸服。《大雅》曰：'仪刑文王，万国作孚。'④"

【注释】

①《缁衣》：缁衣，卿大夫在官署办公时所穿的衣服，颜色是黑的。《诗经·郑风》篇名。据《诗序》说，这首诗是赞美郑武公、郑桓公父子的。

②《巷伯》：《诗经·小雅》篇名。

③试：用。

④仪刑文王，万国作孚：只要大家都来效法文王，在所有的诸侯国中就会兴起诚信之风。仪刑：效法。孚：信。

【译文】

孔子说："如果在上位的人容易侍候，不残暴；在下位的人不违反规则，那么刑罚就可以不用了。"孔子说："如果尊敬贤人能够像《缁衣》那首诗说的那样去做，痛恨坏人像《巷伯》那首诗说的那样去做，官员尽忠职守，百姓就会兴起谨厚之风，不使用刑罚而百姓都会心悦诚服。《大雅》说：'效法文王，诸侯国都会兴起诚信之风。'"

子曰："夫民教之以德，齐之以礼，则民有格①心；教之以政，齐之以刑，则民有遁心。故君民者，子以爱之，则民亲之；信以结之，则民不倍②；恭以莅之，则民有孙③心。《甫刑》曰：'苗民匪用命，制以刑，惟作五虐之刑曰法。'④是以民有恶德，而遂绝其世也。"

【注释】

①格：向善、至善。

②倍：通假字，通“背”，背叛。

③孙：通假字，通“逊”，顺从。

④苗民匪用命，制以刑，惟作五虐之刑曰法：苗族百姓不听从蚩尤的命令，于是蚩尤就用刑罚制裁他们，制定了五种残暴的刑罚叫作“法”。五虐之刑：即大辟（死刑）、割掉鼻子、割掉耳朵、宫刑、额上刺字五种酷刑。《甫刑》，又叫《吕刑》，是《尚书》的篇名。

【译文】

孔子说：“如果教化百姓要用道德和礼法约束他们，那么百姓就会有向善的心；如果教育百姓用政令和刑罚约束他们，那么百姓就会有逃避的心。所以，作为统治百姓的国君，应当以爱护子女一样的态度爱护百姓，那么百姓就会亲近他；用诚信去团结百姓，百姓就不会背叛他；用恭敬的态度去对待百姓，百姓就会有顺从之心。《甫刑》说：‘苗族百姓不听从蚩尤的命令，于是蚩尤就用刑罚制裁他们，制定了五种残暴的刑罚叫作“法”。’于是百姓都不讲贤德，起而背叛，于是导致了民族的灭亡。”

子曰：“下之事上也，不从其所令，从其所行。上好是物，下必有甚焉者矣。故上之所好恶，不可不慎也，是民之表也。”子曰：“禹立三年，百姓以仁遂焉，岂必尽仁？《诗》云：‘赫赫师尹，民具尔瞻。’①《甫刑》曰：‘一人有庆，兆民赖之。’《大雅》曰：‘成王之孚，下土之式。’②”子曰：“上好仁，则下之为仁争先人。故长民者章志、贞教、尊仁，以子爱百姓；民致行己，以说③其上矣。《诗》云：‘有梏德行，四国顺之。’④”

【注释】

①赫赫师尹，民具尔瞻：赫赫有名的尹太师，百姓都在注视着你。

②成王之孚，下土之式：成王守信有威望，身为天下好榜样。孚：信。式：楷模。

③说：古“悦”字。

④有梏德行，四国顺之：天子有大的德行，四方诸侯就无不服从。梏：正直。

【译文】

孔子说:"下级侍奉上级,不是听从上级所下的命令,而是跟从上级的实际行动,上级如果喜欢某样东西,下级的人一定会超过他的。所以上级的喜好、厌恶一定要格外慎重,因为是百姓的表率。"孔子说:"禹做国君三年,百姓在仁的方面就有所成就,这难道是因为每个百姓都能仁吗?《诗经》上说:'赫赫有名的尹太师,百姓都在注视着你。'《甫刑》说:'天子一人有美德,天下的万民都会蒙受到好处。'《大雅》说:'成王守信有威望,是天下百姓的好榜样。'"孔子说:"在上位的人喜好仁,那么在下位的人就会争先恐后地好仁。所以作为百姓的国君应当表明自己的好仁志向,以正道教育百姓,尊崇仁道,像爱护子女一样爱护百姓,百姓就会竭尽全力地去行仁,来使国君感到愉悦。《诗经》说:'天子有大的德行,四方诸侯全部服从。'"

子曰:"王言如丝,其出如纶。王言如纶,其出如綍。①故大人不倡②游言。可言也,不可行,君子弗言也。可行也,不可言,君子弗行也。则民言不危③行,而行不危言矣。《诗》云:'淑慎尔止,不諐于仪。'④"

【注释】

①王言如丝,其出如纶。王言如纶,其出如綍:君王所说的话本来只有丝那般细,可辗转传到百姓耳里,就变成了有绶带那般粗;君王所说的话本来只有绶带那般细,可辗转传到百姓耳里,就变成了有绳索那般粗。纶:系官印的绶带。綍,同"绋",牵引柩车的绳子。这是说讲话在传播过程中走了样,以至于变本加厉。

②倡:通"唱"。

③危:通假字,通"诡",违背。

④淑慎尔止,不諐于仪:谨慎行事且得体,不要超过了礼仪。淑:美好。止:举止。諐:同"愆",过失。

【译文】

孔子说:"假如君王说的话像丝线一般细,传播到百姓耳里,就变成了有绥带那般粗;假如君王说的话像绶带一般细,传播到百姓耳里,就变成了有绳索那般粗。所以大人物讲话不能华而不实。能够说到但是不能做到,君子就不说。能够做到但又不能说出来,君子就不做。那么百姓就会语言不违背他们的行为,行为不违背他们的语言。《诗经》上说:'谨慎行事且得体,不要逾越了礼仪。'"

子曰:"君子道人以言,而禁人以行,①故言必虑其所终,而行必稽其所敝,则民谨于言而慎于行。《诗》云:'慎尔出话,敬尔威仪。'②《大雅》曰:'穆穆文王,於缉熙敬止!'③"

【注释】

①君子道人以言,而禁人以行:君子用言行引导人们行善,用言行禁止人们作恶。道:通假字,通"导",引导。这两句话中的"言"与"行"是互文。

②慎尔出话,敬尔威仪:说话开口要谨慎,行为举止要端正。

③穆穆文王,於缉熙敬止:端重恭敬的文王啊,盛德光明而又举止谨慎!於(wū):感叹词。缉熙:光明正大。

【译文】

孔子说:"君子用语言和行为引导人们行善,用语言和行为禁止人们作恶,所以说话一定要考虑它会带来的后果,做事一定要考虑它会带来的弊端,那么百姓就会在自己说话和做事的时候小心、谨慎了。《诗经》说:'谨慎地说话,端正行为举止。'《大雅》说:'端正恭敬的文王啊,盛德光明而又举止谨慎!'"

子曰:"长民者衣服不贰,从容有常,以齐其民,则民德壹。《诗》云:'彼都人士,狐裘黄黄。其容不改,出言有章。行归于周,万民所望。'①"子曰:"为上可望而知也,为下可述而志②也,则君不疑于其臣,而臣不惑于其君矣。尹吉③曰:'惟尹躬及汤,咸有壹德。'《诗》云:'淑人君子,其仪不忒。'④"

【注释】

①彼都人士，狐裘黄黄。其容不改，出言有章。行归于周，万民所望：那位来自西都镐京的君子，狐皮袍子罩黄衫。他的仪容不改常规，他的讲话出口成章。他行将回归西都，深为万民仰望。都：镐京，西周的国都。

②述而志：王引之说："述之言循也，志之言识也，循其言貌察之而其人可识也。"

③尹吉：应该写作"尹诰"，意思是伊尹告诫太甲。伊尹，商代贤相，曾辅佐商汤灭掉夏桀。之后又辅佐汤的子孙。太甲，汤的嫡孙。

④淑人君子，其仪不忒：善人和君子，他们的仪容不会有差错。忒（tè）：差错。本句出自《诗经·曹风·鸤鸠》。

【译文】

孔子说："作为百姓的君长衣服都是固定不变的，言行举止有一定的规则，这样才能给百姓树立榜样，那么百姓的道德才会统一。《诗经》上说：'那位来自镐京的君子，穿着狐皮袍子罩黄衫。他的仪容不改常规，他讲话出口成章。他即将回归镐京，被万民百姓崇拜、仰望。'"孔子说："在上位的人外貌和内心如一，从他的外貌就可以看出他的内心；在下位的人竭诚事君，从他的言貌就可以知道他的为人。这样国君就不会怀疑他的臣子，而臣子也不会不了解他的国君。伊尹告诫太甲说：'只有我伊尹和汤，都有纯一的品德。'《诗经》说：'善良的人和谦谦君子，他们的仪容不会有差错。'"

子曰："有国家者章善瘅[①]恶，以示民厚，则民情不贰。《诗》云：'靖共尔位，好是正直。'[②]"子曰："上人疑则百姓惑，下难知则君长劳。故君民者，章好以示民俗，慎恶以御民之淫，则民不惑矣。臣仪[③]行，不重辞，不援其所不及，不烦其所不知[④]，则君不劳矣。《诗》云：'上帝板板，下民卒瘅。'[⑤]《小雅》曰：'匪其止共，惟王之邛。'[⑥]"

【注释】

①瘅（dàn）：病。痛恨。

②靖共尔位，好是正直：安分恭敬地做好你的本职工作，喜欢的都是正直人。共：通假字，通“恭”。

③仪：郑玄说应写作“义”。

④不援其所不及，不烦其所不知：不援引国君力所不能及的事让国君去做，不絮叨国君有所不知的事让国君去听。

⑤上帝板板，下民卒瘅：如果国君好恶无常，百姓都得遭殃。上帝：指国君。板板：好恶无常，自相反复。卒：尽。本句出自《诗经·大雅·板》。

⑥匪其止共，惟王之邛：臣下不忠于他的职守，这是国君辛劳的原因。匪：通假字，通“非”。止：达到。共：通假字，通“恭”，忠于职守。邛(qióng)：辛劳。

【译文】

孔子说：“国君能够彰明正义，表彰善人，痛恨邪恶，惩治坏人，告诉百姓清楚国君追求鼓励的事情，这样百姓就会一心为善。《诗经》上说：‘安分恭敬地做好你自己的事情，喜欢的都是正直人。’”孔子说：“如果当国君好恶不明，百姓就会迷惑而不知所从；如果臣子都心怀鬼胎，就会让国君辛劳受累。所以领导、治理百姓的人，应该表彰善人使百姓有所效法，谨慎地惩治坏人以儆效尤，这样百姓就不会迷惑而不知所从了。作为臣下，符合道义的事就要奉行，不尚清谈，不必使其国君的所作所为都像尧舜那样，不必使其国君的知识谋虑都达到圣人水平，这样国君就不用辛劳费心了。《诗经》说：‘如果国君好恶无常，百姓就会发生灾祸。’《小雅》说：‘臣子不忠于他的职守，这是国君辛苦、劳累的原因。’”

子曰：“政之不行也，教之不成也，爵禄不足劝也，刑罚不足耻也，故上不可以亵刑而轻爵。《康诰》①曰：‘敬明乃罚。’《甫刑》曰：‘播刑之不迪。’②”

【注释】

①《康诰》：是《尚书》中的篇名。

②播刑之不迪：施行刑罚要合理。迪：道。

【译文】

孔子说："国君的政令之所以不能推行，对百姓的教化之所以不能成功，究其原因，是因为颁发的爵禄不适当，不足以劝人向善，还由于刑罚不公平，不足以使坏人感到羞耻，所以国君不能随意地动用刑罚，不能随意地颁发爵禄。《康诰》说：'动用刑罚一定要慎重。'《甫刑》说：'施行刑罚要合情合理。'"

子曰："大臣不亲，百姓不宁，则忠敬不足，而富贵已过也。大臣不治，而迩臣①比矣。故大臣不可不敬也，是民之表也；迩臣不可不慎也，是民之道②也。君毋以小谋大，毋以远言近，毋以内图外，则大臣不怨，迩臣不疾，而远臣不蔽矣。叶公之顾命③曰：'毋以小谋败大作，毋以嬖御人疾庄后，毋以嬖御士疾庄士、大夫、卿士。'"子曰："大人不亲其所贤，而信其所贱，民是以亲失，而教是以烦。《诗》云：'彼求我则，如不我得。执我仇仇，亦不我力。'④《君陈》⑤曰：'未见圣，若已弗克见。既见圣，亦不克由圣。'"

【注释】

①迩臣：近臣。

②道：古"导"字。

③叶公之顾命：祭公的遗嘱。顾命指的是人将死时候说的话。

④彼求我则，如不我得。执我仇仇，亦不我力：当初朝廷需要我，好像唯恐得不到。一旦请去撂一边，不让我把重任挑。则：语助词。仇仇：缓慢不用力的样子。不我力：不重用我。本句出自《诗经·小雅·正月》。

⑤《君陈》：是《尚书》的篇名。

【译文】

孔子说："大臣和国君不亲近。百姓不能安居乐业。原因就在于臣子对国君不够忠诚，国君对大臣不够恭敬，而国君给大臣的富贵已经超过了界限。大臣不为国尽心办事，近臣就会私相勾结。所以国君对大臣不能不恭敬，这是由于大臣的言行是百姓的表率；对近臣的选择不可不谨慎小心，这是由于近臣是百姓的行为导向。国君不能把和大臣商量的事拿去和小臣商议；不能够把和近臣谈论的事拿去和远臣谈论；不能够把应该和内臣谋虑的事拿去和外臣谋虑。那么大臣就不会有怨恨，近臣之间也不互相嫉妒，远臣的意见也不会被隐瞒。祭公留下的遗言说：‘不可以用小臣的主意损坏大臣的作为，不可以因为宠幸姬妾而厌弃庄重守礼的嫡夫人，不可因为宠幸的臣子而厌弃庄重守礼的臣子。’”孔子说：“国君不亲近、信任有贤德的人，而亲近、信任卑贱无德的小人，百姓也会跟着亲近卑鄙无德的小人，于是教令也因此变得烦乱了。《诗经》上说：‘当初朝廷需要我，好像唯恐得不到。一旦请去撂一边，不能重用我。’《君陈》说：‘百姓在没有见到圣人之道时，好像自己不能见到。等到自己见到了圣人之道，又不能够运用圣人之道。’”

子曰：“小人溺于水，君子溺于口，大人溺于民，皆在其所亵也。夫水近于人而溺人，德[1]易狎而难亲也，易以溺人。口费而烦，易出难悔，易以溺人。夫民闭于人而有鄙心，可敬不可慢，易以溺人。故君子不可以不慎也。《大甲》曰：‘毋越厥命，以自覆也。若虞机张，往省括[2]于厥度，则释。’《兑命》[3]曰：‘惟口起羞，惟甲胄起兵，惟衣裳在笥，惟干戈省厥躬。’《大甲》曰：‘天作孽[4]，可违也。自作孽，不可以逭。’尹吉[5]曰：‘惟尹躬天见于西邑夏[6]，自周[7]有终，相亦惟终。’”

【注释】

①德：这里指水性。

②括：通假字，通“筈”，箭的末端。

③《兑命》：也写作“说命”，是《尚书》的篇名。

④天作孽：指水旱等自然灾害。

⑤尹吉：应写作“尹诰”。

⑥天：郑玄说当作“先”。西邑：都城名，夏都安邑在商都亳的西面，所以叫作西邑。

⑦周：忠信。

【译文】

孔子说:"小孩子喜欢玩水就容易被水淹死;君子喜欢议论就容易祸从口出;君主喜欢玩弄百姓就容易被百姓推翻。这都是因为对接近最多的东西态度轻慢。水和人们那么接近,但是水却可以把人淹死,就是因为水性柔和容易接近,但实际上却是难以亲近的,所以水容易淹死人。说话费口舌又好絮絮叨叨,话说出去容易,想要收回来却不可以,所以说话也容易招来祸害。百姓不懂什么道理而又心怀鄙诈,对待百姓应该恭敬而不可以怠慢,否则就容易招来祸害。所以君子不得不小心谨慎。《太甲》上说:'不要随便乱下命令,这是自取灭亡。就像打猎一样,瞄准的时候要仔细察看,等到箭头、箭尾、目标三者呈一条直线,再发射。'《说命》上说:'用来说话的嘴如果出言不当就会带来羞辱;用来自卫的盔甲如果使用不当就会引起战争;用来行礼时穿的礼服是放在箱子里的,不能随便送人;用来讨伐坏人的干戈,在使用之前要对自身反省。'《太甲》上说:'水旱等自然灾害还可以躲避;人为带来的灾祸却无法躲开。'伊尹告诫太甲说:'我的先祖曾见过西邑的政治,夏禹用忠信治理百姓而能够得享天命,辅佐他的人也因此而得享天命。'"

子曰:"民以君为心,君以民为体。心庄①则体舒,心肃则容敬。心好之,身必安之。君好之,民必欲之。心以体全,亦以体伤;君以民存,亦以民亡。《诗》云:'昔吾有先正,其言明且清。国家以宁,都邑以成,庶民以生。谁能秉国成?不自为正,卒劳百姓。'②《君雅》曰:'夏日暑雨,小民惟曰怨。资冬祁寒,小民亦惟曰怨。'③"

【注释】

①庄:俞樾说通"壮",大的意思。

②昔吾有先正,其言明且清。国家以宁,都邑以成,庶民以生。谁能秉国成?不自为正,卒劳百姓:从前我们有先君,他的教令通达事理而又条理清楚。国家赖此先君才得以安宁,都邑赖此先君才得以建成,百姓赖此先君才得以安居乐业。当今有谁能够处理国家大事,不自以为是,而净干一些骚扰百姓的事情呢?

③夏日暑雨，小民惟曰怨。资冬祁寒，小民亦惟曰怨：夏天酷热湿闷，老百姓只知道埋怨天。到了冬天严寒来临，老百姓还是只知道埋怨天。资：郑玄说当作“至”。祁：大。《君雅》是《尚书》的篇名。

【译文】

孔子说：“百姓把君主当作心脏，君主把百姓当作身体。心胸宽广就会身体安舒，内心严肃就会容貌恭敬。内心喜欢什么，身体一定也乐于适应什么；君主喜好的东西，百姓也一定乐意得到。心脏因为身体健康而能够安然无恙，心脏也因为身体出了问题而跟着受到损伤。君主因为百姓的拥护而存在，君主也因为百姓的反对而灭亡。《诗经》上说：‘曾经我们有君主，他的政令严明又清楚。国家得以安宁，都邑得以建成，百姓得以安居乐业。当今有谁能够处理国家大事，不自以为是，而尽干让百姓辛劳的事情呢？’《君雅》上说：‘夏天酷热湿闷，百姓只知道埋怨天。到了冬天严寒来临，百姓还是只知道埋怨天。’

子曰：“下之事上也，身不正，言不信，则义不壹，行无类也。[①]”

【注释】

①义不壹：君不以为忠。壹，专也。行无类：友不以为信。

【译文】

孔子说：“臣子侍奉君上，如果自身不端正，说话没有信用，那么君上就不以为忠，朋友就不以为信。”

子曰：“言有物而行有格也，是以生则不可夺志，死则不可夺名。故君子多闻，质[①]而守之；多志，质而亲之；精知，略而行之。《君陈》曰：‘出入自尔师虞[②]，庶言同。’《诗》云：‘淑人君子，其仪一也。’[③]”

【注释】

①质：向人请教，提出问题。

②出入自尔师虞：颁布政令，接受建议，要让大家都来考虑。自：用。师：众人。虞：考虑。

③淑人君子，其仪一也：善人和君子，言行总一致。也：今《毛诗》作“兮”。

【译文】

孔子说：“讲话有依据，做事有条理，所以活着的时候没人可以改变他的志向，死了以后也没人可以剥夺他的美名。所以君子应该博闻，提出问题弄明白了以后就牢记在心；应该多识，提出问题弄明白了以后就学而不厌；应该知识精深，追求大体而可以实行它。《君陈》说：‘颁布政令，接受建议，要让百姓都来考虑，让大家的意见一致。’《诗经》说：‘善人和君子，言行总是一致的。’”

子曰：“唯君子能好其正，小人毒其正。故君子之朋友有乡[①]，其恶有方。是故迩者不惑，而远者不疑也。《诗》云：‘君子好仇[②]。’”

【注释】

①乡：类别。郑玄说：“乡、方，喻辈类也。小人徼利，其友无常也。”

②君子好仇：君子必得良友。仇：匹，朋友。

【译文】

孔子说：“只有君子能够喜好对自己正言规劝的人，小人则仇恨对自己正言规劝的人。所以君子的朋友是有类别的，君子厌恶的人也是有类别的。由于君子的好恶都有一定的类别，所以离君子近的人不会产生怀疑，离君子远的人也不会产生怀疑。《诗经》说：‘君子必得良友。’”

子曰：“轻绝贫贱而重绝富贵，则好贤不坚而恶恶不著也。人虽曰不利，吾不信也。《诗》云：‘朋有攸摄，摄以威仪。’[①]”

【注释】

①朋有攸摄，摄以威仪：朋友之间应该互相督促勉励，督促勉励以

礼义。

【译文】

孔子说："很轻易地就能够和贫贱的朋友绝交，而和富贵的朋友绝交却很难，这说明他亲近贤人的意志不坚定和讨厌坏人的态度不明确。即使别人说他不是为了个人私利，我也不会相信。《诗经》说：'朋友之间互相切磋学问，互相勉励礼义，不管是贫贱朋友还是富贵朋友。'"

子曰："私惠不归德，君子不自留焉。《诗》云：'人之好我，示我周行。'①"

【注释】

①人之好我，示我周行：真正爱我的人，应当给我指出忠信之道。周：忠信。

【译文】

孔子说："用小恩小惠的礼物赠送他人，有违于道德，君子是不会留下礼物，接受其馈赠的。《诗经》说：'真正对我好的人，应当向我展示忠信之道。'"

子曰："苟有车，必见其轼。苟有衣，必见其敝①。人苟或言之，必闻其声；苟或行之，必见其成。《葛覃》曰：'服之无射。'②"

【注释】

①敝(biē)：通"褙"，衣袖的意思。

②《葛覃》：是《诗经·周南》篇名。射(yì)：通假字，通"斁"，厌倦。

【译文】

孔子说："如果一个人有车子，就一定能够看见他的车轼；如果一个人有衣服，就一定能够看见他的衣袖。如果一个人说过话，就一定可以听到他的声音；如果一个人做了事情，就一定能够看到他的成就。《葛覃》说：'旧衣服，穿不厌。'"

子曰："言从而行之，则言不可饰也。行从而言之，则行不可饰也。故君子寡言而行，以成其信，则民不得大其美而小其恶。《诗》云：'白圭之玷，尚可磨也。斯言之玷，不可为也。'①《小雅》曰：'允也君子，展也大成。'②《君奭》曰：'在昔上帝，周田观文王之德，其集大命于厥躬？'③"

【注释】

①白圭之玷，尚可磨也。斯言之玷，不可为也：白玉上面有污点，尚可琢磨除干净。开口说话出毛病，再想收回可不行。

②允也君子，展也大成：信实的君子，必定大有所成。允：信的意思。展：诚的意思。

③在昔上帝，周田观文王之德，其集大命于厥躬：过去上天为什么一再劝勉文王注意品德修养，把治理天下的重任放在他的身上呢？《君奭》是《尚书》的篇名。周田观：郑玄说古文作"割申劝"，与今本《尚书》同。割，通"曷"，意思是为什么。申：重申。集：成就。

【译文】

孔子说："说过的话马上就要行动，所以不能说话漂亮不做实事。行动之后紧接着就是议论，所以行事不能光走过场。所以君子要少说话而多做事，这样来成就他的信誉，那么百姓就不能随便地夸大他的优点和缩小他的缺点。《诗经》上说：'白玉上面有污点，还可以琢磨除干净。说话有瑕疵，再想收回可不行。'《小雅》说：'信实的君子，在诚方面必定大有所成。'《君奭》说：'过去上天为什么一再劝勉文王注意品德修养，把治理天下的重任放在他的身上呢？'"

子曰："南人有言曰：'人而无恒，不可以为卜筮。'古之遗言与？龟筮犹不能知也，而况于人乎？《诗》云：'我龟既厌，不我告犹。'①《兑命》曰：'爵无及恶德，民立而正事，纯而祭祀，是为不敬。事烦则乱，事神则难。'②《易》曰：'不恒其德，或承之羞。'③'恒其德侦，妇人吉，夫子凶。'④"

【注释】

①我龟既厌，不我告犹：我的灵龟已厌恶，不再把吉凶告诉我。

②爵无及恶德，民立而正事，纯而祭祀，是为不敬。事烦则乱，事神则难：爵位不能赏给恶德之人，否则百姓将把他们树为楷模，由他们频繁地对神祭祀，这是对神的大不恭敬。其事烦则乱于典礼，侍奉鬼神也难以得到福佑。《兑命》即《说命》。

③不恒其德，或承之羞：不是长久地保持他的德行，或者要受人耻辱。

④恒其德侦，妇人吉，夫子凶：长久地保持德行，占问，这在妇人是吉，而在男子是凶。“侦”是问的意思。同样是在“恒其德”的条件下，妇人问则吉，男子问则凶，原因在于妇人是依附于男人的人，无自主权，事事应当问人，所以妇人问则吉；而男子是被女人依附的人，有自主权，若事事问人，有失于为男子之道，所以男子问则凶。

【译文】

孔子说：“南方人说过这样的话：‘人是没有恒定不变的而是变化无常，那么即使卜筮，卦兆上也显示不出来是吉是凶。’这就是古人留下来的谚语吧？龟筮那么神灵还不能知道吉凶，更何况是人呢？《诗经》说：‘我的灵龟已经厌恶，不再告诉我吉凶。’《说命》说：‘爵位不能赏给没有恒德的人，否则百姓将把他们当作榜样，由他们频繁地对神祭祀，这是对神的大不恭敬。其事烦则乱于典礼，侍奉鬼神也难以得到福佑。’《易经》说：‘不是长久地保持他的德行，就要受人耻辱。’又说：‘长久地保持德行，占问，这在妇人是吉，而在男子是凶。’”

奔丧

奔丧之礼[①]:始闻亲丧,以哭答使者[②],尽哀;问故,又哭尽哀。遂行,日行百里[③],不以夜行。唯父母之丧,见星而行,见星而舍。若未得行[④],则成服而后行。过国至竟哭,尽哀而止。哭辟市朝[⑤]。望其国竟[⑥]哭。

【注释】

①奔丧之礼:奔丧的礼节。奔丧:王夫之说:"奔丧者,身在异国,闻讣而归服丧也。奔者,急遽疾驰之辞。"

②使者:家中派出的报丧者。

③日行百里:古时吉行(为吉事而行)日行五十里,奔丧事急,故倍之。

④若未得行:如果不能马上动身奔丧。一般不能成行的原因都是有重要公务在身。

⑤哭辟市朝:担心惊动众人。辟,通假字,通"避"。市朝,指集市。

⑥竟:通假字,通"境"。据郑玄说,这是指奔父丧者而言,而且从此以后就且哭且行。

【译文】

奔丧的礼节:刚一听到父母去世的消息,只用哭泣回答使者,尽情地痛哭;然后向使者询问父母去世的缘故,然后接着又哭,尽情地痛哭。于是就动身上路。每天要走一百里,白天赶路,夜间住下休息。只有奔父母的丧事,在天上还满天星斗时就早早起身赶路,到晚上可以看到满天星斗时才停下来休息。如果不能马上动身奔丧,也可以在三天成服之后再出发。经过国家的边境线都要哭,一直哭到充分发泄了内心中的悲痛才停止。哭时为了不惊动众人,要避开集市。看见本国的国境要哭,而且从此以后就哭不绝声了。

至于家，入门左[①]，升自西阶[②]，殡东；西面坐，哭尽哀，括发[③]袒；降，堂东即位，西乡哭，成踊；袭，绖于序东[④]，绞带[⑤]；反位，拜宾成踊；送宾，反位。有宾后至者，则拜之成踊，送宾皆如初。众主人[⑥]兄弟皆出门，出门哭止，阖门，相者告就次[⑦]。于又哭，括发袒成踊。于三哭，犹括发袒成踊。三日[⑧]成服，拜宾、送宾皆如初。

【注释】

①入门左：从门的左边进入。吉时则入门右。

②升自西阶：居丧之礼，孝子上堂下堂皆不走阼阶。

③括发：用麻绳束发。

④袭：穿好衣服。绖（dié）：缠在头上和腰间的麻布孝带。序东：指堂下对着东序的直线位置之东。

⑤绞带：孝带，用苴麻做的。

⑥众主人：指主人的庶兄弟。

⑦次：指倚庐。

⑧三日：实际上指奔丧者到家以后的第四天。

【译文】

到家以后，从门的左边进去，从西阶登堂，走到灵柩东面，面朝西跪下，放声痛哭，直到发泄了心中的悲痛才停止，然后脱去吉冠，用麻绳把头发束起来，袒露左臂；然后从西阶下堂，在阼阶之东就位，面朝西痛哭，悲痛到跺脚；然后到对着东序的直线位置之东戴上麻绖，系上绞带；再回到刚才的位置，拜谢前来吊唁的宾客，跺脚大哭；然后将宾客送到殡宫门外，再回到阼阶东边主人的位置。如果有的前来吊唁的宾客迟到了，做主人的还要向他们拜谢，跺脚大哭，送宾客出门，和对待没有迟到的宾客的礼节一样。送过宾客之后，主人的庶兄弟、堂兄弟都走出殡宫门，走出门口以后就停止哭泣，然后合上殡宫的门，赞礼的相就告诉主人该到倚庐去了。第二天早晨哭灵的时候，仍然用麻绳把头发束起来，袒露左臂，跺脚大哭。第三天早晨哭灵的时候，还是用麻绳把头发束起来，袒露左臂，跺脚大哭。第四天穿好整套的丧服，拜谢宾客和送出宾客的礼数仍和第一天一样。

奔丧者非主人[1]，则主人为之拜宾、送宾。奔丧者自齐衰以下，入门左，中庭北面，哭尽哀；免[2]麻于序东，即位袒，与主人哭成踊。于又哭、三哭[3]，皆免袒。有宾，则主人拜宾、送宾。丈夫妇人之待之也，皆如朝夕哭[4]位，无变也。

【注释】

①主人：指嫡子。

②免(wèn)：去冠以后用以缠头的布带，大约宽一寸。

③于又哭、三哭：在第二天早晨、第三天早晨哭灵时。郑玄说："又哭、三哭，亦入门左，中庭北面，如始至时也。"

④朝夕哭：指既殡之后，每天的早晨和傍晚，死者的亲属都要入殡宫而哭，这就叫作朝夕哭。这是丧礼中的一种礼节。

【译文】

奔丧的人如果不是嫡子，那么就由主人替他拜谢和送出前来吊唁的宾客，奔丧的人如果是齐衰以下的亲属，从家门的左边进去，面向北站在院子当中，放声痛哭，尽哀而止；然后到东序东边脱去吉冠，戴上免，系上麻腰带，再站到自己的哭位上，袒露左臂，和主人一起跺脚痛哭。在第二天早晨、第三天早晨哭灵时，都是戴上免，系上麻腰带，袒露左臂，如果有宾客前来吊唁，就由主人替他拜宾、送宾。主人、主妇对于奔丧者的到来，都是站在朝夕哭灵时的位置上等待，不因奔丧者的到来而有所改变。

奔母之丧[1]，西面哭，尽哀，括发袒；降堂东，即位，西乡哭，成踊；袭免绖于序东。拜宾、送宾皆如奔父之礼。于又哭不括发。

【注释】

①奔母之丧：母亲去世，嫡子回家奔丧。孔颖达说："此谓嫡子，故《经》云'拜宾、送宾皆如奔父之礼'；若庶子，则亦'主人为之拜宾、送宾'。"

【译文】

母亲去世，嫡子回家奔丧，到了门口从左边进入，面朝西而跪，放声痛哭,尽哀而止;然后脱去吉冠,用麻绳把头发束起,袒露左臂;从西阶下堂,在阼阶之东就位,面朝西哭泣,跺脚痛哭;然后戴上免,腰间系上麻带。嫡子对前来吊唁的宾客,所有的拜宾礼以及送宾礼都同给父亲奔丧的礼节一样。只是在第二天早晨哭灵时就不再用麻绳束发,只戴上免。

妇人奔丧,升自东阶,殡东,西面坐,哭尽哀。东髽①,即位,与主人拾②踊。

【注释】

①髽(zhuā):指去掉束发的帛,露出发髻。

②拾(jiè):交替、轮流。

【译文】

妇人奔丧,上堂要从堂东的侧阶走过,走到灵柩的东面,面朝西跪下,放声大哭,尽哀而止。然后到东序把裹发的帛去掉,露出发髻,站到自己的哭位上,与主人轮流交替跺脚痛哭。

奔丧者①不及殡,先之墓,北面坐,哭尽哀。主人之待之也,即位于墓左,妇人墓右。成踊尽哀,括发②;东即主人位,绖绞带,哭成踊;拜宾,反位成踊,相者告事毕。遂冠,归入门左;北面哭尽哀,括发袒,成踊;东即位,拜宾成踊。宾出,主人拜送。有宾后至者,则拜之成踊,送宾如初。众主人兄弟皆出门,出门哭止,相者告就次。于又哭,括发成踊。于三哭,犹括发成踊。三日成服。于五哭,相者告事毕。为母所以异于父者,壹括发,其余免以终事,他如奔父之礼。

【注释】

①奔丧者:指父母去世在外地赶回家办丧事的人。这里奔丧者的身份是嫡子。所以,下文的“主人”就是在嫡子未归之前临时主持丧事的人。

②括发:用麻绳束发。凡括发必袒,此处省略了“袒”。

【译文】

如果回家奔丧的嫡长子,没有赶在停殡待葬期间到家,那就先去墓地,面向北方跪下,放声痛哭直到发泄了自己的悲痛才停止。在家替代嫡长子主持丧事的人接待他的礼数,是在墓的左边就位,妇人在墓的右边就位。奔丧者踩脚痛哭,尽哀而止,用麻绳把头发束起;然后到墓的东边站在主人的位置上,戴上麻绖,系上绞带,踩脚痛哭;向前来吊唁的宾客拜谢,然后回到原位,踩脚痛哭。这时候赞礼的相宣布哭墓仪式完毕。奔丧者于是戴上帽子,从家门口的左边进去;面朝北方,放声痛哭,尽哀而止;用麻绳把头发束起,袒露左臂,踩脚痛哭;然后到阼阶之东就位,拜谢前来吊唁的宾客,踩脚痛哭。宾客离开,主人拜送宾客到门外。如果有的宾客来吊唁时迟到了,主人仍然是拜谢,踩脚痛哭,送客出门,就像接待没有迟到的宾客那样。主人的庶兄弟、堂兄弟都退出殡宫的门,停止哭泣,赞礼的相就告诉主人要到倚庐去了。第二天早晨哭灵的时候,用麻绳束发,踩脚痛哭。在第三天早晨哭灵的时候,仍然用麻绳束发,踩脚痛哭。第四天才把所有的丧服穿戴齐备。在第五天早晨哭灵的时候,赞礼的相宣告在殡宫要做的事已经完毕。为母亲奔丧的礼数和为父亲奔丧不同的地方在于,只有在从墓地刚回到家里时用麻绳束发一次,然后都是戴着免,除了这一点以外,其余的都和为父亲奔丧的礼数一样。

齐衰以下,不及殡,先之墓,西面①哭尽哀。免麻于东方,即位,与主人哭成踊,袭。有宾,则主人拜宾、送宾。宾有后至者,拜之如初。相者告事毕。遂冠,归入门左;北面哭尽哀,免袒成踊;东即位,拜宾成踊。宾出,主人拜送。于又哭,免袒成踊。于三哭,犹免袒成踊。三日成服。于五哭,相者告事毕。

【注释】

①西面:面朝西。只有主人才面向北。

【译文】

奔齐衰以下亲属的丧礼,如果来不及在停殡待葬期间赶回,就要先到墓地,面朝西痛哭直到发泄了自己的哀伤为止。在墓的东边脱去吉冠,戴上免，腰间系上麻带，然后站在位子上，和主人一道痛哭踩脚，然后穿好丧服。有宾客前来吊唁，就由主人拜谢宾客、送宾客出门。如果有来吊唁的宾客迟到了，主人拜谢宾客、送宾客出门要像对待没迟到的吊唁的宾客一样。赞礼的相宣告哭墓的事结束以后。奔丧者于是戴上帽子，回家的时候要从门的左边进去，面向北而哭直到发泄了自己的哀伤为止；然后戴上免，袒露左臂，踩脚痛哭；然后在阼阶之东就位，主人拜谢前来吊唁的宾客，而奔丧者踩脚痛哭。宾客离开，主人拜谢，送宾客出门外。在第二天哭灵的时候，戴上免，袒露左臂，踩脚痛哭。在第三天哭灵的时候，仍然袒露左臂，踩脚痛哭。第四天才把丧服穿戴齐备。在第五天哭灵之后，赞礼的相就宣布奔丧礼结束。

闻丧不得奔丧[①]，哭尽哀；问故，又哭尽哀。乃为位[②]，括发袒，成踊；袭，绖，绞带，即位；拜宾，反位成踊。宾出，主人拜送于门外，反位。若有宾后至者，拜之成踊，送宾如初。于又哭，括发袒，成踊。于三哭，犹括发袒，成踊。三日成服。于五哭，拜宾、送宾如初。

【注释】

①闻丧不得奔丧：听到父母的噩耗而又不能奔丧。一般不能奔丧的原因，有的是君命在身，有的是流亡国外，有的是战乱阻隔。

②位：哭泣时所站的位置。

【译文】

听到父母去世的消息而又不能回家奔丧的，在这种情况下孝子的礼节是：放声痛哭直到发泄了自己的悲伤为止；然后询问父母去世的原因，问罢，又放声痛哭直到发泄了自己的悲伤为止。于是设置灵堂，设立哭位，用麻绳把头发束起来，袒露左臂，踩脚痛哭；然后穿好衣服，戴上麻绖，系上绞带，在阼阶下站在主人的位置；拜谢前来吊唁的宾客，然后回到原位，踩脚痛哭。来宾离开，主人拜送到门外，接着返回原位。如果有的宾客吊唁时来晚了，主人一样要拜谢，踩脚痛哭，送客出门，就像接待没有迟到的宾客那样。在第二天哭灵时，用麻绳束发，袒露左臂，踩脚痛哭。在第三天哭灵时，还仍然用麻绳束发，袒露左臂，踩脚痛哭。到第四天才把整套丧服穿戴齐备。在第五天哭灵时，拜宾、送宾的礼数和第一天相同。

若除丧而后归，则之[1]墓，哭成踊；东括发袒，绖；拜宾成踊，送宾；反位，又哭尽哀，遂除。于家不哭。主人之待之也，无变于服，与之哭，不踊。自齐衰以下，所以异者，免麻。

【注释】

①之：动词，去、到达。

【译文】

如果奔丧者是在家人脱掉丧服之后才回家，那么先去墓地，痛哭跺脚；然后到墓东就主人之位，用麻绳束发，袒露左臂，戴上麻绖，然后拜谢前来吊唁的宾客，返回原位跺脚痛哭，把宾客送出门；又回到原位，继续痛哭到尽哀为止，于是可以脱去孝服。回到家中就不再哭泣了。原先在家代为主持丧事的人在接待奔丧者时，衣服可以不用改变，不需要脱下吉服而改穿孝服，可以陪着奔丧者一起哭泣，但不用跺脚。穿齐衰丧服以下的亲属，礼数不一样的地方，就是在墓地的时候，头上戴免，腰间系上麻带。

问丧

亲始死，鸡斯[①]，徒跣，扱[②]上衽，交手哭[③]，恻怛之心，痛疾之意，伤肾、干肝、焦肺[④]，水浆不入口，三日不举火，故邻里为之糜粥[⑤]以饮食之。夫悲哀在中，故形变于外也；痛疾在心，故口不甘味、身不安美也。

【注释】

①鸡斯：郑玄说："鸡斯，当为'笄纚'，声之误也。"笄指固定发髻的簪，纚指包裹发髻的帛。

②扱(chā)：掖，插。

③交手哭：双手交替捶着胸口痛哭。

④伤肾句：五内如焚。

⑤糜粥："糜"和"粥"都是粥的意思，"糜"比较稠，而"粥"比较稀。

【译文】

父母亲刚刚去世，孝子要脱下吉冠，露出发笄和裹髻的帛，光着脚，掖好深衣前襟的下摆，双手交替捶着胸口痛哭，悲伤万分的心情，痛不欲生的心情，真是五内如焚，水也喝不进，饭也吃不进，一连三天都不生火，所以邻居只好熬点糜粥让他吃喝。因为孝子内心非常悲哀，所以在外表就能看出来，形容枯槁，面色憔悴；因为痛不欲生，伤心欲绝，所以嘴里也不知道食物的滋味，不想吃也不想喝，也不讲究穿得美丽。

三日而敛，在床曰尸，在棺曰柩。动尸举柩[①]，哭踊无数。恻怛之心，痛疾之意，悲哀志懑气盛，故袒而踊之，所以动体安心下气也。妇人不宜袒，故发胸、击心、爵踊[②]，殷殷田田[③]，如坏墙[④]然，悲哀痛疾之至也！故曰："辟踊哭泣，哀以送之。"[⑤]送形而往，迎精而反[6]也。

【注释】

①动尸：迁动尸体。小敛、大敛及殡时都要迁动尸体。举柩：指启殡及入葬时。

②发胸：王夫之说是“开外衣前襟”。爵(què)踊：像麻雀那样双足跳跃。爵，通假字，通“雀”。

③殷殷田田：象声词，指妇人捶胸、跺脚的声音。

④坏：当写作“培”，培墙，就是添土筑墙的意思。

⑤辟踊哭泣，哀以送之：捶胸跺脚，痛哭流涕，用悲伤的心情送别死者。辟：捶胸的意思。

⑥反：指从墓地返回祖庙而哭泣不止。

【译文】

人死后三天才举行大殓。死人放在床上叫作尸，装进棺材以后叫作柩。每一次迁动尸体、抬起灵柩，孝子都要尽情地痛哭跺脚。那种万分悲伤的心情，那种痛不欲生的心情，悲哀烦闷，达到了极致，所以孝子才袒露左臂，跺脚痛哭，这样才能使烦闷之气得到发泄，安定情绪。妇人不适合袒露左臂，所以敞开外衣前襟，双手捶胸，两脚一齐跺地，乒乒乓乓，声音就像筑墙一样，这都是悲哀至极的表现！所以《孝经》说：“捶胸跺脚，痛哭流涕，用哀伤的心情送别死者。”把死者的形骸送到墓地埋葬，把死者的灵魂迎接回来加以安顿。

其往送也，望望然，汲汲然，如有追而弗及也。其反哭也，皇皇然，若有求而弗得也。故其往送也如慕，其反也如疑。求而无所得之也，入门而弗见也，上堂又弗见也，入室又弗见也，亡矣丧矣，不可复见已矣！故哭泣辟踊，尽哀而止矣。心怅焉怆焉，惚焉忾焉，心绝志悲而已矣！祭之宗庙，以鬼享之，[1]徼幸复反也。成圹而归，不敢入处室，居于倚庐，哀亲之在外也；寝苫枕块，哀亲之在土也。故哭泣无时，服勤三年，思慕之心，孝子之志也，人情之实也。

【注释】

①祭之宗庙，以鬼享之：在宗庙中致祭，把父母当作鬼神来祭飨。这里指的是虞祭。葬前之祭叫作奠，彼时尚以事生之礼对待死者；从虞祭开始，就把死者当作鬼神来对待了。

【译文】

孝子在给父母去往墓地送葬的时候，眼睛瞻望着前方，神情显出焦急的样子，就如同是在追赶死去的父母而又追赶不上的样子。安葬结束返回的时候，依然一直哭泣，孝子的神情彷徨，就如同有什么所求而没有得到一样。所以孝子在前往送葬的路上，就像小孩子找不到父母而哭泣不止；在安葬结束返回的路上，又像是担心父母的神灵不能跟着一起回来而迟疑不前。满腹心事而未曾了结，回到家里，进门却怎么也见不到父母的影子；上堂也见不到父母的影子；进到父母的卧室再看，还是看不到父母的影子。父母是真正不在人世了，再也无法相见了！所以哭天号地，捶胸跺脚，要把心中的悲哀尽情发泄，只有这样才觉得心中好受点。心里惆怅、悲伤，又恍惚、感叹，除了伤心和悲哀以外，还有什么办法呢！在宗庙中致祭，把父母当作鬼神来祭飨，就是希望父母的灵魂能够幸而回来罢了。孝子把父母在墓穴中安葬好返回家中，不到自己的寝室居住，而是住在简陋的倚庐里，就是因为哀伤死去的父母还在荒郊野外；睡在草苫上，拿土块当枕头，就是因为哀伤死去的父母还身埋土中。想起父母就难以抑制地哭泣，没有定时，为父母忧心劳思地守丧三年，这反映了孝子心甘情愿的志尚，也是人的感情的真实流露。

或问曰："死三日而后敛者，何也？"曰：孝子亲死，悲哀志懑，故匍匐而哭之，若将复生然，安可得夺而敛之也？故曰：三日而后敛者，以俟其生也。三日而不生，亦不生矣，孝子之心亦益衰矣；家室之计，衣服之具，亦可以成矣；[1]亲戚之远者，亦可以至矣。是故圣人为之断决，以三日为之礼制也。

【注释】

①衣服之具，亦可以成矣：入殓衣物的准备，都已经准备就绪了。按

《王制》:"绞、给、衾、冒,死而后制。"这说明为死者准备装殓的衣物也需要时间。

【译文】

有人问道:"人死后三天才入殓,这是为什么呢?"回答是:孝子在父母刚刚去世的时候,心中悲痛欲绝,思想上一时难以接受,所以趴在尸体上痛哭,就好像是能把父母哭活一样,人们怎么可以不顾及孝子的这番想法而马上让父母入殓呢?所以说,三天之后才入殓,是为了等待死者的复生。三天以后没有复生,那就以后也无法复生了,孝子希望父母复生的信念也逐渐动摇了;而且在这三天之内,有关治丧花费的筹划,入殓衣物的准备,都已经准备完毕了;亲戚中离家较远的,也可以来到了。所以圣人就根据这种情况做出决断,把死后三天才入殓规定为礼制,确定了下来。

或问曰:"冠者不肉袒,何也?"曰:冠,至尊也,不居肉袒之体也,故为之免①以代之也。然则秃者不免,伛者不袒,跛者不踊,非不悲也,身有锢疾②,不可以备礼也。故曰:丧礼唯哀为主矣。女子哭泣悲哀,击胸伤心;男子哭泣悲哀,稽颡③触地,无容④,哀之至也!

【注释】

①免(wèn):用来括发缠头的布带,大概宽一寸左右。

②锢疾:也写作痼疾,不容易医治的病。

③稽颡:磕头。叩头。丧主拜宾的礼节。

④无容:不修饰仪容。

【译文】

有人问道:"在戴着冠的时候不可以袒露左臂,这是为什么呢?"回答是:冠是非常尊贵的东西,在戴着冠的时候不可以袒露左臂,所以用免来代替冠。这样一来,秃子就不用戴免,驼背的人就不用袒露左臂,瘸子哭丧的时候就不用跺脚,这并不是不悲伤,而是因为他们本身有难以医治的病,无法完成这些礼节。所以说,丧礼只是以悲哀为主。女子悲伤哭泣,双手捶胸表示伤心;男子悲哀哭泣,以头叩地表示伤心,不注意仪容,这都是极度悲哀的表现。

或问曰:“免者以何为也?”[1]曰:不冠者之所服也。《礼》曰:“童子不缌,唯当室[2]缌。”缌者其免也,当室则免而杖矣。

【注释】

①或问曰:“免者以何为也?”:有人问道:“童子为什么也要戴免呢?”孔颖达说:“成人肉袒之时须着免,今非成人肉袒亦有着免,故问之。”

②当室:无父无兄而主持家事的人。童子当室,则以成人之礼要求之。

【译文】

有的人问道:“免是做什么用的呢?”回答是:还没有加冠的童子所戴的东西叫作免。《仪礼》说:“童子不用服缌麻之亲的丧服,只有以成人之礼要求的童子才为族人服缌。”以成人之礼要求的童子,就要为有缌麻之亲的族人服缌,服缌就要戴免,甚至还要拄丧杖。

或问曰:“杖者何也?”曰:竹、桐,一也[1]。故为父苴杖,苴杖,竹也;为母削杖,削杖,桐也。

【注释】

①一也:指作用一样,指丧杖都是用来扶病的。

【译文】

有的人问道:“丧杖是用什么做的呢?”回答是:竹子或者桐木做的,丧杖的作用是一样的,都是用来扶病的。所以为父亲用苴杖,苴杖是用竹子制作的;为母亲用削杖,削杖是用桐木削成的。

或问曰:“杖者以何为也?”曰:孝子丧亲,哭泣无数,服勤三年,身病体羸,以杖扶病也。则父在不敢杖矣,尊者在故也。[1]堂上不杖,辟尊者[2]之处也。堂上不趋,示不遽也。此孝子之志也,人情之实也,礼义之经也,非从天降也,非从地出也,人情而已矣!

【注释】

①则父在不敢杖矣,尊者在故也:如果父亲健在世间,就不可以为母亲拄丧杖,这是由于父亲尚健在的缘故。

②尊者:指父亲。因为父亲是一家之长,所以称作尊者。

【译文】

有的人问道:“孝子在居丧期间为什么要拄丧杖呢?”回答是:孝子的父母去世,孝子为此经常哭泣,无法计数,服丧三年期间忧劳勤苦,身体生病,体质羸弱,需要用丧杖来支撑病体。如果父亲健在世间,就不可以为母亲拄丧杖,这是由于父亲尚健在的缘故。孝子在堂上也不拄丧杖,因为在堂上需要避开父亲所在的地方。孝子在堂上不应快步行走,以显示从容不迫,不可引起父亲的伤心。这些都是孝子的一片诚心,是人情的真实流露,是合乎礼仪的规矩,不是从天上掉下来的,也不是从地下冒出来的,只不过是人情本应如此罢了!

大学

大学之道，在明明德，在亲民，在止于至善。[①]知止而后有定[②]，定而后能静[③]，静而后能安[④]，安而后能虑[⑤]，虑而后能得[⑥]。物有本末，事有终始，知所先后，则近道[⑦]矣。

【注释】

①大学之道，在明明德，在亲民，在止于至善：意思是大学的宗旨有三，一是彰明自身的光明之德；二是亲爱民众；三是将以上二事做到至善的境界。

②知止而后有定：知道了达到至善的境界而后才会志有定向。

③静：指心无杂念。

④安：指专心致志学习。

⑤虑：考虑事情周详。

⑥得：意思是达到至善境界。

⑦道：此处代指上文的“大学的宗旨”。

【译文】

大学的宗旨在于彰明自身的光明之德，在于亲爱百姓，在于将以上二事做到至善的境界。知道了止于至善这个目标才能确定志向，确定了志向才能心无杂念，心无杂念才能专心致志，专心致志才能虑事周详，虑事周详才能达到至善的境界。万物都分根本和末节，凡事都有开始和结束。知道了做事情的先后顺序，那就接近于大学的宗旨了。

古之欲明明德于天下者[①]，先治其国；欲治其国者，先齐[②]其家；欲齐其家者，先修[③]其身；欲修其身者，先正其心[④]；欲正其心者，先诚其意；欲诚其意者，先致其知[⑤]。致知在格物[⑥]。物格而后知至[7]，知至而后意诚，意诚而后心正，心正而后身修，身修而后家齐，家齐而后国治，国治而后天下平。自天子以至于庶人，壹是[8]皆以修身为本，其本乱而末治者否矣[9]。其所厚者薄，而其所薄者厚，未之有也。[10]此谓知本，此谓知之至[11]也。

【注释】

①古之欲明明德于天下者：古代的想要把自己的光明之德推广于天下的人。

②齐：治理。

③修：修养，整治。

④心：内心。

⑤先致其知：先要知道所谓善有善报、恶有恶报的道理。郑玄注："知，谓知善恶吉凶之所终始也。"

⑥格物：善恶报应之不爽。郑玄注："格，来也。物犹事也。其知于善深则来善物，其知于恶深则来恶物，言事缘人所好来也。"

⑦知至：能够辨别善恶。

⑧壹是：所有的、一概。

⑨本：根本，此处指修身。末：末节，此处指齐家、治国、平天下。

⑩其所厚者薄，而其所薄者厚，未之有也：比喻本应下大力气的地方却没有下，而不该下力气的地方却下了力气，这样做而希望得到好的结果，也是没有的事。

⑪知之至：这就是能够知道的极限了吧。也可说是最高的智慧。

【译文】

古代的想要把自己的光明的德行推广于天下的人，必须先要治理好自己的国家；想要治理好自己的国家，就要先整顿好自己的家庭；想要整治好自己的家庭，就要先修养好自身的品德；想要修养好自身的品德，就要先端正自己的内心；想要端正自己的内心，就要先意念真诚；想要意念真诚，就要先知道所谓善有善报、恶有恶报的道理。善恶报应的不爽才能让人们辨别善恶，能辨别善恶才能使其意念真诚，意念真诚才能使自己的内心端正，自己的内心端正才能修养好自身的品德，自身品德修养好了才能使家庭整治得好，家庭整治得好才能使国家得到治理，国家得到治理才能使天下安宁、太平。从天子到普通百姓，这些人都要把做好自身修养品德的问题当作根本问题，如果这个根本问题没有做好，而要使家庭、国家、天下都能够治理好，那是不可能的。该下力气的地方没有下，而本应不下什么力气的却下大力气，这样做却希望得到好的结果，这是不可能发生的。这就叫作知道事情的根本，这就是能够知道的极限了吧。

所谓诚其意者，毋自欺也。如恶恶臭①，如好好色②，此之谓自谦③。故君子必慎其独也。小人闲居为不善，无所不至，见君子而后厌然④，掩其不善而著其善⑤。人之视己，如见其肺肝然，则何益矣！⑥此谓诚于中，形于外，故君子必慎其独也。

【注释】

①如恶（wù）恶臭（xiù）：就像厌恶臭秽的气味而嘴上不讲。

②如好（hào）好色：就像喜欢美丽的女人而佯装讨厌。

③自谦（qiè）：自我满足。谦，通假字，通“慊”，满足。

④厌（yǎn）然：躲躲藏藏、掩饰真相的样子。厌，通假字，通“黡”，闭藏貌。

⑤掩其不善而著其善：掩盖他做过的坏事，而炫耀他做过的好事。

⑥人之视己三句：可是其他人在看待他的时候却能看得清清楚楚，就如同见到了他的五脏六腑一样，这样做又有什么好处呢？

【译文】

所谓的意念真诚，就是不要自己欺骗自己。这就像是厌恶难闻的气味，又好比喜欢美丽的女人，这叫作自我满足。所以君子独自一人的时候也一定要谨慎小心。小人在独自一人的时候则会做起坏事来，而且什么坏事都做得出来，见到君子后躲躲藏藏，他做过的坏事要掩盖起来，他做过的好事要宣扬出来。任何一个人对自己干的是好事或者坏事，自己心里最清楚，瞒过别人瞒不过自己，掩饰或者宣扬有什么好处呢？这就叫作内心有什么想法，必然要从行动上体现出来，所以君子在独自一人的时候也一定要谨慎小心啊。

曾子曰:"十目所视,十手所指,其严乎!"[1]富润屋,德润身,心广体胖,[2]故君子必诚其意。

【注释】

①十目所视,十手所指,其严乎:尽管你是独自一人,很多眼在看着你,很多手在指着你,多么让人敬畏啊!

②富润屋,德润身,心广体胖:人的贫富可以从其住所看得出来,人的道德水平可以从其行动看得出来,心胸宽广自然身体舒泰。

【译文】

曾子说过:"尽管你是独自一人,但要想到众多的眼睛在看着你,众多的指头在指着你,这多么让人敬畏啊!"人的贫富可以从其住所看得出来,人的道德可以从其行动看得出来,人的心胸宽广与否可以从其身体舒泰与否上看得出来,所以君子就算是独自一人,也一定要意念真诚。

《诗》云:"瞻彼淇澳,菉竹猗猗。有斐君子,如切如磋,如琢如磨。瑟兮僩兮,赫兮喧兮。有斐君子,终不可諠兮!"[1]"如切如磋"者,道学也[2];"如琢如磨"者,自修也[3];"瑟兮僩兮"者,恂栗也[4];"赫兮喧兮"者,威仪也;"有斐君子,终不可諠兮"者,道盛德至善,民之不能忘也。

【注释】

①《诗》云九句:看那弯弯的淇水岸边,菉竹郁郁葱葱。有位风度高雅的君子,好像切磋过的象牙,好像琢磨过的美玉。庄严而又威武,显赫而又坦荡。风度高雅的君子,教人始终难忘。淇:水名。澳(yù):弯曲的河岸。菉竹:荩草。猗猗(yī):茂盛的样子。有斐:有文采的样子。瑟:矜持端庄的样子。僩(xiàn):威武的样子。喧:通假字,通"宣",坦荡的样子。諠:今《诗》作"谖",又作"萱",忘记的意思。

②道学也:是说君子的研究学问。

③自修也:是说君子的自我修养。

④恂栗也：是说君子的外貌严厉。

【译文】

《诗经》上说："看那淇水岸边弯弯的河岸，荩草茂盛，郁郁葱葱。有位风度高雅的君子，好像切磋过的象牙，好像琢磨过的美玉。庄严而又威武，显赫而又坦荡。风度高雅的君子，叫人难以忘怀。""如切如磋"是说君子对学问的研究，"如琢如磨"是说君子的自身修养品德，"瑟兮僩兮"是说君子的内心恭敬谨慎，"赫兮喧兮"是说君子的外表庄严威武，"有斐君子，终不可諠兮"是说君子的道德尽善尽美、风度高雅，让老百姓始终难忘。

《诗》云："於戏前王不忘！"①君子贤其贤而亲其亲，小人乐其乐而利其利，此以没世不忘也。②

【注释】

①於戏前王不忘：呜呼！先王的美德使人难忘。

②君子贤其贤而亲其亲三句：因为君子在先王那里尊重贤人和亲近家人，小人从先王那里享受到快乐和得到实惠，因此在先王去世以后，无论是谁都对他念念不忘。

【译文】

《诗经》说："呜呼！先王的美德让人难以忘记。"君子从先王那里学到了尊重贤人和亲近家人，小人从先王那里享受到快乐和得到实惠，因此，才到死不忘先王。

《康诰》曰："克明德。"①《大甲》曰："顾諟天之明命。"②《帝典》曰："克明峻德。"③皆自明也④。

【注释】

①《康诰》：是《尚书·周书》的篇名，据说是周公封康叔而作。克：可以、能够。

②《大甲》：是《尚书·商书》篇名，据说为伊尹告诫殷高宗大甲而作，

有上、中、下三篇。大，读作“太”。顾諟天之明命：你应当关注上天赋予你的光明德行。

③《帝典》：也是《尧典》，《尚书·虞书》篇名。峻德：崇高的道德。

④皆自明也：意思是人君要自明其德。

【译文】

《康诰》上说：“文王能够彰明德行。”《大甲》上说：“你关注并端正上天赐予你的明德。”《尧典》上说：“帝尧能够彰明大德。”说的是以上三句引经据典，讲的都是勉励人君要自明己德啊。

汤之《盘铭》曰：“苟日新，日日新，又日新。”①《康诰》曰：“作新民②。”《诗》曰：“周虽旧邦，其命惟新。”③是故君子无所不用其极④。《诗》云：“邦畿千里，惟民所止。”⑤《诗》云：“缗蛮黄鸟，止于丘隅。”⑥子曰：“于止⑦，知其所止，可以人而不如鸟乎？”《诗》云：“穆穆文王，於缉熙敬止！”⑧为人君，止于仁⑨；为人臣，止于敬；为人子，止于孝；为人父，止于慈；与国人交，止于信。

【注释】

①汤之《盘铭》曰：“苟日新，日日新，又日新。”：商汤的《盘铭》上说：“如能一日自新，就能日日自新，每日自新。”表面上说的是身体的自新，实际上隐含着精神上的自新。

②作新民：指鼓励殷人消除纣时候的恶俗，洗心革面，重新做人。

③周虽旧邦，其命惟新：姬周虽然原来是殷商的诸侯国，但已受天命取代殷商为天子。

④是故君子无所不用其极：君子在日新其德方面是十分努力的。

⑤邦畿千里，惟民所止：天子辖地千里，都是百姓安居之所。邦畿：王城及其所属周围千里的地域。

⑥缗蛮黄鸟，止于丘隅：黄鸟声声鸣，止息在山麓。

⑦于止：鸟在何处休息。于鬯说：“于，盖‘乌’字之误，乌初误为‘乌’，而乌又写作‘於’耳。於者，‘乌’之古文也。”

⑧穆穆文王，於缉熙敬止：端庄恭敬的文王啊！光明磊落，知其所当

自处。於(wū):叹美声。缉熙:光明的意思。

⑨止于仁:要把"仁"字做到止于至善的地步。

【译文】

商汤在他的洗澡盘子上镌刻着自勉的铭文:"如果每日都能够洗去身上的污垢,使身体焕然一新,就能够日日自新,每日自新。"《康诰》上说:"要弃恶从善,重新做人。"《诗经》上说:"周虽然本来是殷的诸侯国,但已经接受天命取代殷商成为新朝的天子。"所以君子为了能在日新其德方面有所进步是十分努力的。《诗经》上说:"天子辖地千里,都是百姓安居之所。"《诗经》上又说:"小小的黄鸟,止息在山脚。"孔子说:"鸟儿的止息,都知道应该在何处止息,难道人还不如鸟吗?"《诗经》上说:"端庄恭敬的文王啊!光明磊落,知其所当自处。"作为国君,要达到仁的境界;作为臣子,要达到敬的境界;作为子女,要达到孝的境界;作为父母,要达到慈的境界;和国人交往,要达到信的境界。

子曰:"听讼,吾犹人也,必也使无讼乎!"①无情者不得尽其辞,大畏民志。②此谓知本③。

【注释】

①子曰:"听讼,吾犹人也,必也使无讼乎!":孔子说:"审理案件,我和别人差不多;一定要说有什么不同的话,那就是我想让案件从根本上不再发生。"

②无情者不得尽其辞,大畏民志:要使无理的一方不敢凭借狡辩取胜,德行张大到使民众从内心敬畏。郑玄注:"情,犹实也。大畏其心志,使诚其意,不敢讼。"

③本:根本。郑玄说:"本,谓诚其意也。"

【译文】

孔子说:"审理诉讼案件,我和别人没什么不同;一定要说有什么不同的话,那就是我想使诉讼从根本上不再发生。"让没有真凭实据的一方不得肆意狡辩,让他们感到非常胆怯心虚。这就叫作知道事情的根本。

所谓修身在正其心者：身有所忿懥，则不得其正；有所恐惧，则不得其正；有所好乐，则不得其正；有所忧患，则不得其正。[①]心不在焉[②]，视而不见，听而不闻，食而不知其味。此谓修身在正其心。

【注释】

①身有所忿懥(zhì)八句：是因为自身有所愤怒，内心就不能端正；自身有所恐惧，内心就不能端正；自身有所喜好，内心就不能端正；自身有所忧虑，内心就不能端正。忿懥：愤怒的意思。朱熹注："程子曰：'身有'之身当作'心'。盖是四者，皆心之用而人所不能无者。然一有之而不能察，则欲动情胜，而其用之所行，或不能不失其正矣。"总而言之，心要时刻保持平常态，一动感情，心就不得其正。

②心不在焉：意思是如果心不在其位。

【译文】

所谓要修养好自身的品德首先要端正自己的内心：自身有所愤怒，内心就不能端正；自身有所恐惧，内心就不能端正；自身有所喜好，内心就不能端正；自身有所忧虑，内心就不能端正。当你心不在其位的时候，就会视而不见，就会听而不闻，就会吃东西不知滋味。这就叫作要修养好自身的品德首先要端正自己的内心。

所谓齐其家在修其身者：人之其所亲爱而辟焉[①]，之其所贱恶而辟焉，之其所畏敬而辟焉，之其所哀矜而辟焉，之其所敖惰[②]而辟焉。故好而知其恶，恶而知其美者，[③]天下鲜矣！故谚有之曰："人莫知其子之恶，莫知其苗之硕。"[④]此谓身不修不可以齐其家。

【注释】

①人之其所亲爱而辟焉：因为人的看法往往对自己所亲爱的人会有所偏颇。下文"之其所贱恶而辟焉"等四句，与此同理。

②敖惰：傲慢怠惰，也有瞧不起的意思。敖，通假字，通"傲"。

③故好而知其恶，恶而知其美者：喜爱一个人而能知道他的缺点，厌

恶一个人而能知道他的优点。

④故谚有之曰两句：人们都看不到自己儿子的毛病，也都看不到自己的庄稼已经长得够好了。朱熹注："谚，俗语也。溺爱者不明，贪得者无厌，是则偏之为害，而家之所以不齐也。"

【译文】

想要整顿好自己的家庭，首先要做好自身的修养：是因为人对于其所亲爱的人的看法往往会有所偏颇，对自己所厌恶的人的看法往往会有所偏颇，对自己所敬畏的人的看法往往会有所偏颇，对自己所怜悯的人的看法往往会有所偏颇，对自己所轻视的人的看法往往会有所偏颇。所以，就算喜爱一个人也要知道他的缺点，讨厌一个人也能看到他的优点，能做到这样的人世上少有。所以有句谚语说："人们都看不到自己儿子的毛病，也都看不到自己的庄稼已经长得够好了。"这就叫作没有做好自身的修养是很难整顿好自己的家庭的。

所谓治国必先齐其家者，其家不可教而能教人者，无之。故君子不出家而成教于国：孝者，所以事君也；[①]弟者，所以事长也；[②]慈者，所以使众也。[③]《康诰》曰："如保赤子[④]。"心诚求之，虽不中不远矣[⑤]。未有学养子而后嫁者也。一家仁，一国兴仁；[⑥]一家让，一国兴让；一人[⑦]贪戾，一国作乱。其机[⑧]如此。此谓一言偾事，一人定国。[⑨]尧、舜率天下以仁，而民从之；桀、纣率天下以暴，而民从之。其所令反其所好，而民不从。[⑩]是故君子有诸己而后求诸人[⑪]，无诸己而后非诸人[⑫]。所藏乎身不恕，而能喻诸人者，未之有也。[⑬]故治国在齐其家。《诗》云："桃之夭夭，其叶蓁蓁。之子于归，宜其家人。"[⑭]宜其家人，而后可以教国人。《诗》云："宜兄宜弟。"[⑮]宜兄宜弟，而后可以教国人。《诗》云："其仪不忒，正是四国。"[⑯]其为父子兄弟足法，而后民法之也。此谓治国在齐其家。

【注释】

①孝者，所以事君也：家庭中的孝，可以用来侍奉君主。

②弟(tì)者,所以事长也:家庭中的悌,可以用来侍奉官长。弟,通“悌”,顺从和敬爱兄长。

③慈者,所以使众也:家庭中的慈,可以用来使唤百姓。慈:仁慈。

④如保赤子:就像爱护婴儿那样。

⑤虽不中(zhòng)不远矣:虽然不能完全做到,但也差不多。中:及。

⑥一家仁二句:国君一家讲究仁爱,就会影响到全国讲究仁爱。

⑦一人:指国君一人。

⑧机:重点、关键。

⑨此谓一言偾(fèn)事,一人定国:这叫作国君说错一句话就会败坏政事,国君一人做到齐家就能使国治。偾:败坏。

⑩其所令反其所好,而民不从:国君命令大家做到的与国君自己喜好的不一致,老百姓就不会听从。

⑪有诸己而后求诸人:好事,自己首先做到了,然后才能要求别人做到。

⑫无诸己而后非诸人:自己首先没有缺点,然后才能批评别人。

⑬所藏乎身不恕三句:自己身上就看不出有什么仁爱的影子,却要教训别人做到仁爱,这是从来没有的事。恕:己所不欲,勿施于人。

⑭桃之夭夭,其叶蓁蓁。之子于归,宜其家人:桃花多么好看,枝叶多么茂盛。这个姑娘出嫁,定会使全家和顺。夭夭:美好的样子。蓁蓁(zhēn):茂盛的样子。之子:此指出嫁的女子。宜其家人:能使其婆家家人和顺。

⑮宜兄宜弟:兄弟和睦相处。

⑯其仪不忒,正是四国:自己的言行如一不走样,才是四方各国的好榜样。忒:偏差。正:榜样。

【译文】

要想治理好国家,就必须先要整顿好自己的家庭,这是因为自己的家人都不能管好,却想管好别人的事是不可能的。这就是君子不用出家门就能教化百姓的原因。家庭中的“孝”,可以用来侍奉君主;家庭中的“悌”,可以用来侍奉官长;家庭中的“慈”,可以用来爱护百姓。《康诰》上说:“就像爱护婴儿那样。”只要诚心地去追求,虽然不能完全做到,但也离做到不远了。没有先学会了养育儿女然后才出嫁的人。国君一家重视仁爱,整个国家就会兴起重视仁爱之风;国君一家重视谦让,整个国家就会兴起重视谦让之风;国君一人贪暴,全国百姓就会作乱。事情的重点就是这样。这叫作国君说错一句话就会败政事,国君一人做到整顿好家庭就能使国家得到治理。尧、舜为天下百姓做出仁爱的榜样,天下的百姓也就跟随着仁爱;桀、纣给天下百姓做出残暴的榜样,天下的百姓也就跟随着残暴。如果君主的政令和他所做的不一致,百姓们就不会听从政令。所以,君子自己先做到的事情才能要求别人做到,自己首先没有缺点才能批评别人。自己身上看不出一点恕的影子,而能晓谕别人什么是恕,这是从来没有的事。所以说,治理好国家的前提就是先治理好自己的家庭。《诗经》说:“桃花多么好看,枝叶多么茂盛。这个姑娘出嫁,定会使全家和睦顺遂。”能够使全家和顺,然后才能教育百姓。《诗经》说:“兄弟和睦相处。”兄弟能够和睦相处.然后才能教育百姓。《诗经》说:“自己的仪容没有偏差,才被四方各国来效法。”国君以父亲、儿子、哥哥、弟弟的身份都能做出表率,然后百姓们才会追随、效法他。这就叫作治理好国家的前提就是首先要整顿好自己的家庭。

所谓平天下在治其国者:上老老而民兴孝[①],上长长而民兴弟[②],上恤孤而民不倍[③],是以君子有絜矩之道[④]也。所恶于上,毋以使下;[⑤]所恶于下,毋以事上;所恶于前,毋以先后;所恶于后,毋以从前;所恶于右,毋以交于左;所恶于左,毋以交于右。此之谓絜矩之道。《诗》云:“乐只君子,民之父母。”[⑥]民之所好好之,民之所恶恶之,此之谓民之父母。《诗》云:“节彼南山,维石岩岩。赫赫师尹,民具尔瞻。”[⑦]有国者不可以不慎,辟则为天下僇矣[⑧]。《诗》云:“殷之未丧师,克配上帝。仪监于殷,峻命不易。”[⑨]道[⑩]得众则得国,失众则失国。

是故君子先慎乎德。有德此有人[⑪],有人此有土[⑫],有土此有财,有财此有用[⑬]。德者本也,财者末也。外本内末,争民施夺。[⑭]是故财聚则民散,财散则民聚。是故言悖而出者,亦悖而入;货悖而人者，亦悖而出。[15]《康诰》曰："惟命不于常！"[16]道善则得之，不善则失之矣。《楚书》曰："楚国无以为宝，惟善以为宝。"[17]舅犯曰："亡人无以为宝，仁亲以为宝。"[18]《秦誓》[19]曰："若有一介臣[20]，断断兮[21]无他技，其心休休[22]焉，其如有容[23]焉。人之有技，若己有之；人之彦圣[24]，其心好之，不啻若自其口出。实能容之，以能保我子孙，黎民尚亦有利哉！[25]人之有技，媢疾[26]以恶之。人之彦圣，而违之俾不通[27]。实不能容，以不能保我子孙黎民，亦曰殆哉[28]！"唯仁人放流之[29]，迸[30]诸四夷，不与同中国[31]。此谓唯仁人为能爱人，能恶人。见贤而不能举，举而不能先，命[32]也；见不善而不能退，退而不能远，过[33]也。好人之所恶，恶人之所好，是谓拂[34]人之性，菑必逮夫身[35]。是故君子有大道[36]，必忠信以得之，骄泰以失之。生财有大道[37]：生之者众，食之者寡，为之者疾，用之者舒，[38]则财恒足矣。仁者以财发身，不仁者以身发财。[39]未有上好仁而下不好义者也，未有好义其事不终者也，未有府库财非其财者也。[40]孟献子曰："畜马乘，不察于鸡豚；伐冰之家，不畜牛羊；百乘之家，不畜聚敛之臣。与其有聚敛之臣，宁有盗臣。"[41]此谓国不以利为利，以义为利也。长国家[42]而务财用者，必自小人矣。彼为善之[43]，小人之使为国家，灾害并至。虽有善者，亦无如之何矣！此谓国不以利为利，以义为利也。

【注释】

①上老老而民兴孝：只要国君尊敬老人，国人就会兴起孝顺之风。老老，第一个"老"字是名词的意动用法。

②长长(zhǎng zhǎng)：敬长，以长者为长。弟：通假字，通"悌"。

③上恤孤而民不倍：国君体恤孤儿百姓就不会遗弃孤儿。倍：通假字，通"背"，背弃。

④絜(xié)矩之道：指做出表率的法则。

⑤所恶于上二句：你所厌恶的上级的行为，就不要再用这种行为来对待你的下级。

⑥《诗》云二句：大意为与民同乐的君子，才是百姓的父母。

⑦节彼南山,维石岩岩。赫赫师尹,民具尔瞻:巍峨的南山啊,山石高又高。显赫的太师啊,万民齐瞩目。师尹:指西周的太师尹氏。民具尔瞻:国人都在看着你的一言一行。具,通假字,通“俱”。

⑧辟则为天下僇矣:出了问题就要受到天下人的惩罚。僇:通假字,通“戮”,杀戮。

⑨殷之未丧师,克配上帝。仪监于殷,峻命不易:意谓殷在纣王以前尚未丧失民众之心,所以能得到上帝保佑。及纣为恶,民怨神怒,以失天下。应该以殷代的兴亡为鉴,天之大命才不可改易。监:通假字,通“鉴”,镜子。

⑩道:言。

⑪有德此有人:国君有德就会有百姓拥护。

⑫有土:指有国土,实际就是得到国家。

⑬有用:有国用。

⑭外本内末,争民施夺:轻视根本重视末节,就会从老百姓手上抢夺财富。

⑮是故言悖而出者四句:国君既然有不中听的话出口,百姓就会有不中听的话进入其耳;国君的财货既然不是正道而得,也就会不从正道而失。

⑯惟命不于常:天命并不是总保佑某一个人。

⑰楚国无以为宝,惟善以为宝:楚国不把别的什么东西当作宝贝,只把德行当作宝贝。

⑱舅犯:晋文公舅狐偃,字子犯。亡人无以为宝,仁亲以为宝:流亡者没有什么可以当作珍宝的,只有把珍视仁义作为珍宝。

⑲《秦誓》:《尚书》中的篇名。

⑳若:假如。一介:指一个。

㉑断断兮:形容诚恳的样子。

㉒休休:形容宽容乐善的样子。

㉓其如有容:《尚书》孔传:“其如是,则能有所容。言将任之。”

㉔彦圣:美圣,指嘉言懿行而言。

㉕以能保我子孙:不仅能够保护我的子孙,而且百姓也能跟着有利。

㉖媢(mào)疾:嫉妒。

㉗违之俾不通:对于别人拥有的美德,压着盖着,不让国君知道。

㉘亦曰殆哉:也会感到危险。

㉙之:代词。指代上文的媢疾之人。

㉚迸:逐的意思。

㉛不与同中国:不和有嫉妒心的人同住在国中。

㉜命:郑玄注:“命,读为慢,声之误也。举贤而不能使君以先己,是轻慢于举人也。”

㉝过:错误,错过。

㉞拂:违逆、违背。

㉟菑:同“灾”,灾害。逮:及。

㊱大道:此处指由行孝悌仁义的大道也。

㊲大道:这里指规律和方法。

㊳生之者众,食之者寡,为之者疾,用之者舒:这就是干活的要多,吃饭的要少,生产效率要高点,消费速度要慢点,那么财富就永远充裕了。生之者:指生产者、劳动者。食之者:指享受劳动成果者。为之者:指干活时。用之者:指消费时。

㊴仁者以财发身,不仁者以身发财:仁者把自己的财富分给别人,赢得令名;不仁者宁要财富,不要令名。

㊵未有上好仁而下不好义者也三句:郑玄注:“言君行仁道,则其臣必义。以义举事,无不成者。其为诚然如己府库之财为己有也。”

㊶孟献子曰八句:畜马乘之家,就不必再计较养鸡养猪之利;伐冰之家,就不必再计较养牛养羊之利;百乘之家,就不该再养活一个专门敛财的部下。与其养活一个专门敛财的部下,还不如养活一个强盗做部下。

㊷长(zhǎng)国家:身为一国之君、一家之长。

㊸彼为善之:朱熹注:“此句上下,疑有阙文误字。”

【译文】

国君要想天下太平,前提就是要治理好自己的国家:只要国君能够尊敬老人,国人就会兴起孝顺之风;只要国君能够尊重长者,国人就会兴起悌道之风;只要国君体恤孤寡、幼小,国人就不会遗弃孤寡、幼小。所以君子是为百姓做出表率的法则。你所厌恶上级的行为,就不要用这种行为来对待下级;你所厌恶下级的行为,就不要用这种行为来对待上级;你所厌恶前人的行为,就不要用这种行为来对待后人;你所厌恶后人的行为,就要用这种行为来对待前人;你所厌恶在自己右边的人的行为,就不要用这种行为来对待在自己左边的人;你所厌恶在自己左边的人的行为,就不要用这种行为来对待在自己右边的人。这就叫作絜矩之道。《诗经》说:“与民同乐的君子,乃是百姓的父母。”老百姓喜欢的就是国君所喜欢的,老百姓讨厌的就是国君所讨厌的,这就叫作百姓的父母。《诗经》说:“巍峨的南山啊,山石高又高。显赫的太师啊,国人都在看着你的一言一行。”治理国家的人不得不小心谨慎,一旦犯了错误就要受到天下人的惩罚。《诗经》说:“殷商未曾丧失民心时,上帝还保佑。及纣为恶,民怨神怒,以失天下。应该以殷代的兴亡为鉴,天之大命才不可改易。”讲的就是这样一个道理:得到百姓就得到国家,失去百姓则国家也会灭亡。

所以君子首先要考虑的是自己的德行。国君有德就会有百姓拥护,有了百姓拥护就有了国土,有了国土就有了财富,有了财富就有了国用。德行是根本,财富是末节。轻视根本重视末节,就会造成与民争利,发生抢夺。所以说,国君聚敛财富,百姓就背离而去;国君布施财富,百姓就络绎而归。所以,所以国君如果有违背正道的话出口,百姓也就会有违背正道的话传入其耳;国君的财货如果不是从正道取得,也就会从不是正道流失。《康诰》说:“天命并不是总保佑某一个人。”意思是说,如果有好的德行就能得到上天的保佑,没有好的德行就会失掉上天的保佑。《楚书》说:“楚国不把什么别的东西当作宝贝,只把德行当作宝贝。”舅犯说:“流亡者没有什么可以当作珍宝的,只有把重视仁义作为珍宝。”《秦誓》说:“假如有这样一位大臣,诚恳忠实,没有别的技能,但他的品德高尚,心地宽厚,能够容人容物。别人有了什么本领,就如同他自己有了;别人的才能和美德,他都衷心地赞美,不但在语言上称道别人的美德,而且还能包容推荐他们,这就使我的子孙黎民得到保护,对于国家也是有利的。别人有了什么本领,他就嫉妒厌恶;别人的才能和美德,他压着盖着不让国君知道,不能包容推荐别人,因而使我的子孙黎民不能得到保护,对国家也很危险。”仁爱的国君能够把这些嫉贤妒能的人流放,把他们驱逐到四夷,不让他们同住在国中。这就是说，只有仁爱的人才懂得要喜欢什么样的人，讨厌什么样的人。见到贤人也不能推荐，推荐了却不能重用，这就是怠慢。见到坏人而不能斥退，斥退以后又不能把他流放远方，这就是错误。喜欢百姓所讨厌的，讨厌百姓所喜欢的，这叫作违背人的本性，其结果势必有重大的灾难到自身。所以君子要实行孝悌仁义的治国大道，一定要对它忠诚信任才能得到它，骄傲放纵就会失去它。想要有更多的财产也是有规律的：这就是干活的要多，吃饭的要少，干活的速度要快点，花费的速度要慢点，那么财富就永远充足了。仁爱的人把自己的财富分给别人，赢得名声；没有仁爱之心的人宁要财富，不要名声。从来没有国君爱好仁而臣下却不爱好义的，也从来没有臣下爱好义而事情却不成功的，也从来没有臣下不把国家府库的财富当作自己的财富加以爱护的。孟献子说："卿大夫之家，不应与民争利。所以，士初试为大夫之家就不关心自家养了多少小鸡、小猪；有资格用冰的卿大夫之家就不必畜养牛羊。有百乘兵车的大夫之家，就不要养活有本领聚敛财富的家臣。欲其养活聚敛之臣，还不如养活吃里爬外的盗臣。"这就是说，国家不应该以利益为利，而应该以道义为利。身为一国之君而一心想着如何敛财，一定就是小人行为。国君想要施行仁义，却让小人来治理国家，那就会发生祸不单行、灾害并至的地步。到了这时候，即使有善人的辅助，也于事无补了。这就是说，国家不应该以利益为利，而应该以道义为利啊！

冠义

凡人之所以为人者，礼义也。礼义之始，在于正容体、齐颜色、顺辞令。[1]容体正，颜色齐，辞令顺，而后礼义备。以正君臣、亲父子、和长幼。君臣正，父子亲，长幼和，而后礼义立。故冠而后服备[2]，服备而后容体正、颜色齐、辞令顺。故曰：冠者礼之始也。是故古者圣王重冠。

【注释】

①在于正容体三句：指礼仪的开始。

②故冠而后服备：所以冠礼之后服装齐备。

【译文】

大凡人之所以为人，是礼义。礼义的开始，是从举止端庄、态度端正、言辞恭顺做起。举止端正，态度端庄，言辞恭顺，而后礼义才具备。以此来摆正君臣关系，使父子相亲，长幼和睦。君臣各安其位，父子相亲，长幼和睦，而后礼义才算确立。而在行过弱冠礼仪后才准备服装，服装齐备以后才能做到举止端正、态度端庄、言谈恭顺。所以说，行弱冠礼是礼仪的开始。古时候的圣王非常重视冠礼。

古者冠礼：筮日、筮宾，所以敬冠事。敬冠事所以重礼，重礼所以为国本也。故冠于阼，以著代也。醮于客位，三加弥尊，加有成也。[1]已冠而字之，成人之道也。见于母，母拜之，见于兄弟，兄弟拜之，成人而与为礼也。玄冠玄端[2]，奠挚[3]于君，遂以挚见于乡大夫、乡先生[4]，以成人见也。成人之者，将责成人礼焉也。责成人礼焉者，将责为人子、为人弟、为人臣、为人少者之礼行焉。将责四者之行于人，其礼可不重与！

【注释】

①醮于客位三句，醮：冠礼中的一个仪式。意思是加冠礼之后，宾客向冠者敬酒，加冠者先祭酒，然后尝饮一口，谓礼成。三加：三次加冠礼。

②玄端：指的是一种礼服。头戴玄冠，上身玄衣，下身黄裳。

③奠挚：就是把见面礼放在地上。表示不敢亲授，这是卑者见尊者之礼。挚，俗作"贽"。

④乡大夫：乡人之在朝为大夫者。乡先生：乡人居官之已退休者。

【译文】

古代的人举行冠礼仪式时，要占筮选吉日，占筮选择可以为子弟加冠的宾客，之所以这样是为了表示对加冠之事的重视。重冠礼之事也就体现了对礼节的重视，对礼节的重视是治国之根本。所以阼阶上为嫡子加冠，这表示嫡子是未来的继承人。在客位对冠者行醮礼，意思是他已受到了成人的尊重。三次加冠，愈来愈尊贵，意思是启发冠者是成人，要立志向上。已经加过冠礼之后，而且称呼其字，这表示他已经是个成年人了。去拜见母亲，母亲答拜；去见兄弟，兄弟对他再拜：这是因为他是成人了所以才施礼。戴上缁布冠，穿上玄端服，带着礼品去拜见国君，把礼品放在地上，意思是不敢直接收受；然后又带着礼品去拜见乡大夫和乡先生，都是以成人礼见之。既然是成年人，就要以用成人的礼数来要求他。既然以成人的礼数来要求他，那就是要求他为人子，为人弟，为人臣，为人少（后辈）都是成人的礼节。按照这四个方面的要求，冠礼可不重要吗？

故孝弟忠顺之行立，而后可以为人。可以为人，而后可以治人也。故圣王重礼。故曰：冠者礼之始也，嘉事①之重者也。是故古者重冠，重冠故行之于庙。行之于庙者，所以尊重事。尊重事，而不敢擅重事。不敢擅重事，所以自卑而尊先祖也。

【注释】

①嘉事：意思是嘉礼。嘉礼是五礼之一。五礼，即吉礼、凶礼、宾礼、军礼、嘉礼。

【译文】

所以做到了孝敬父母，友爱兄弟，忠诚于国君，顺从长辈，而后才可以称为真正的人。被称为真正的人，才能治理别人。所以古代圣王很重视礼仪。所以说，冠礼是成人之礼的开始，是嘉礼之中最重要的。所以古人重视冠礼，在宗庙之内进行冠礼。在宗庙之内进行，是表示庄重。由于庄重，所以不敢擅自处理。因为不敢擅自处理，所以安排在宗庙，表示自卑，以表示对先祖的尊重。

昏义

昏礼者，将合二姓[①]之好，上以事[②]宗庙，而下以继后世也，故君子重之。是以昏礼纳采、问名、纳吉、纳征、请期[③]，皆主人筵几于庙[④]，而拜迎[⑤]于门外，入揖让[⑥]而升，听命[⑦]于庙，所以敬慎重正[⑧]昏礼也。

【注释】

①二姓：不同的两个姓。

②事：意思是祭祀。

③纳采、问名、纳吉、纳征、请期：这是婚礼“六礼”中的前五礼。纳采：婚礼之第一步。男方派遣使者向女方献纳求婚礼品。问名：婚礼之第二步。纳采与问名是在同一天进行。纳吉：婚礼之第三步。男方占卜得到吉兆，准备礼品通知女方。纳征：婚礼之第四步。纳彩礼，所以纳征又叫纳币。请期：婚礼之第五步。男方派使者通知女方迎娶的吉日。

④皆主人筵几于庙：意思是都是在女方祢庙(父庙)进行。筵几是祢庙之神专设的。筵几，铺设筵几。筵是可以坐的席子；几是可以凭依的几案。

⑤拜迎：拜礼迎接男方派来的使者。

⑥揖让：一种礼仪，在宾主双方进门后走到堂下准备登阶升堂的礼仪。

⑦听命：听从使者传达女婿家之命。

⑧重正：庄重，郑重。

【译文】

举行婚礼的，要缔结两姓之好，对上要祭祀宗庙以明示，对下涉及传宗接代的礼仪，所以君子非常重视。所以，婚礼的纳采、问名、纳言、纳征、请期这五个步骤中，女方家长都是在庙里铺设筵几，等到男方的使者到来时，然后在门外拜迎使者。进入庙门以后，宾主要互相揖让升阶登堂，在庙堂上听取使者传达男方家长的意见。之所以这样，就是为了表示对婚礼的谨慎和郑重其事。

父亲醮子而命之迎①，男先于女也②。子承命以迎，主人筵几于庙，而拜迎于门外。婿执雁③入，揖让升堂，再拜奠雁④，盖亲受之于父母也⑤。降出⑥，御妇车，而婿授绥，御轮三周。⑦先俟于门外⑧，妇至，婿揖妇以入。共牢而食⑨，合卺而酳⑩，所以合体、同尊卑，以亲之⑪也。

【注释】

①醮：指的是在古代冠礼、婚礼中的一种敬酒礼，由尊者向卑者敬酒，卑者必须将酒饮尽而不回敬。迎：迎亲。

②男先于女也：男方先去女方家迎亲，然后女子跟随男子来到夫家。

③雁：在婚礼中男方送给女方的礼物称为雁。古代认为大雁是忠贞之鸟，取其妻从夫之义也。

④再拜：再拜稽首，是礼节之中最隆重者，一般适用于臣对君，子对夫。这里指的是女婿向岳父行再拜礼。奠雁：置雁于地。

⑤盖亲受之于父母也：以表示亲自从女方父母手里接受了新妇。

⑥降出：降的意思是女婿从西阶而下，新媳妇随之；出的意思是女婿与妇出门。

⑦御妇车三句：女婿亲自驾驶妇乘之车，然后把挽以登车的绳索递给妇。等到车轮转动三圈后，再由仆人驾驶。这里主要表示女婿为了表现对妇的亲爱而有意自降身份。

⑧先：谓夫乘车先导。门：夫家大门。

⑨共牢而食：夫妇共食同一俎中之牲。牢，俎也。共牢而食，象征下文的“同尊卑”。

⑩合卺（jǐn）而酳（yìn）：意思即现代的交杯酒。共牢而食和合卺而酳都在寝室举行。

⑪亲之：所谓夫妇相亲。

【译文】

父亲向儿子敬酒而命其去迎亲，意思男方处于主导地位。儿子奉命前去迎亲，由女方的父母在庙里铺筵设几，然后到庙门外去拜迎女婿。女婿执雁进入庙门，宾主互相揖让升阶登堂，女婿行再拜稽首之大礼，把雁放在地上，意思是亲自从新妇父母手里领回了新妇。然后新妇随女婿下堂出门，女婿亲自驾驶妇所乘之车，将挽以登车的绳索递给新妇，等到车轮转动三圈后，再交由仆人驾驶。这些都是为了表示女婿对新妇的亲爱而自降身份，都是有意表示亲爱的举动。女婿乘自己的车在自家的大门外等候。新妇到，女婿向妇作揖，然后请她一同进门。进入婿家的寝室，女婿与新妇共食同一俎中的牲肉，又各执一瓢以饮酒，意即交杯酒，这表示夫妇合为一体，不分尊卑，以表示他们从此以后相亲相爱。

敬慎重正而后亲之[1]，礼之大体，而所以成男女之别，而立夫妇之义[2]也。男女有别，而后夫妇有义；夫妇有义，而后父子有亲；父子有亲，而后君臣有正。故曰：昏礼者，礼之本也。

【注释】

①敬慎重正而后亲之：婚礼慎重而后亲自迎娶。

②夫妇之义：确立夫唱妇随的关系。

【译文】

婚礼慎重而后亲自迎娶，是婚礼的基本原则。从而也确定了男女之别，确立夫唱妇随的夫妇关系。正因男女有别，所以才会有夫唱妇随，有了夫唱妇随，而后有了父子相亲，有了父子相亲，而后有了君臣之正。所以说，婚礼，是各种礼节的根本。

夫礼始于冠，本于昏，重于丧、祭，尊于朝、聘，和于乡、射。[1]此礼之大体也。

【注释】

①夫礼始于冠五句:冠:冠礼。丧:丧礼。祭:祭礼,也叫吉礼。朝:朝礼。诸侯朝见天子之礼。聘:聘礼。诸侯互相聘问之礼。乡:乡饮酒礼。射:射礼。

【译文】

所以礼的开始是冠礼,礼的根本礼是婚礼,最为隆重的是朝礼,丧礼、祭礼最为隆重,最能体现尊敬的是聘礼,最能体现和睦的是乡饮酒礼、射礼,这就是礼的基本主体情况。

"夙兴,妇沐浴以俟见。质明,赞见妇于舅姑。妇执笲枣、栗、段脩以见。赞醴妇。妇祭脯醢,祭醴",[①]成妇礼也[②]。

【注释】

①"夙兴"至"祭醴":夙兴:意思是早早起床。以俟见:等待拜见。赞:赞礼者。相当于现在的司仪。见(xiàn):介绍,通报。舅姑:谓公婆。笲(fán):一种容器,用竹子编制的,内放枣、栗、段脩。枣、栗、段脩:枣子、栗子和加入姜桂后经过捶治的干肉。段,同"服"。枣、栗是送给公公的见面礼,段修是送给婆婆的见面礼。象征意义,"枣"取早的意思,"栗"取其战栗之义。赞醴妇:孙希旦说:"赞醴妇者,妇既见,宜有以答之,故赞为舅姑酌醴以礼妇也。但舅姑尊,故不自醴而使赞代之也。"祭脯醢:这是吃饭前的祭。脯是肉干,醢是肉酱。意思就是祭古代首先造出此种食品的人。祭醴:也是食前之祭。祭法,用少量甜酒洒地即可。按:妇祭脯醢,祭醴,表示新妇接受了公婆的答礼。

②成妇礼也:成为新妇的礼节。这里指两件事,一是新妇拜见公婆,二是公婆醴妇。

【译文】

一般是成婚的第二天,新妇要早早起床,沐浴更衣,等待拜见公婆。赞礼的人把新妇引见给公婆。新妇手捧盛有枣子、栗子和肉干的容器,作为进见之礼。由赞礼的人代表舅姑向新妇赐以甜酒。新妇以脯醢、甜酒祭先人。进行完以上的礼节,就表示做媳妇的礼完成了。

舅姑入室，妇以特豚馈，明妇顺也。[①]“厥明，舅姑共飨妇以一献之礼，奠酬。舅姑先降自西阶，妇降自阼阶”[②]，以著代[③]也。

【注释】

①舅姑入室三句：特豚：一只已经煮熟的小猪。馈：进食于长者尊者。明妇顺：表明新妇的孝顺主要就表现在对公婆的供养上。这三句话主要是表达新妇伺候公婆洗手吃饭之礼。

②“厥明”至“妇降自阼阶”：厥明：第二天天亮。舅姑共飨妇以一献之礼：此处的意思是指，主人是公婆二人，宾客则新妇一人。具体做法：公公先向妇敬酒，这叫献。新妇饮过之后，用酒回敬公婆，这叫酢。然后，婆婆先自饮一杯，然后再向妇敬酒，这叫酬。新妇接过此酒不饮，把酒杯放在席上，即“奠酬”。至此，一献之礼成。因为此礼是由公婆二人共同完成，故曰“共飨”。舅姑先降自西阶二句：共同阼阶：本为舅姑升降之阶，今由新妇升降，主要是表明已将处理家事之权转交。

③著代：意思是交接班。

【译文】

公婆进入内室，新妇向公婆馈赠一只煮熟的小猪，以此来表明新妇的孝顺和顺从之义。意即新妇开始履行孝养的职责。第二天，公婆用一献之礼共同慰劳新妇，而新妇应该把公婆酬己之酒放下不再饮。公婆先从西阶下堂，然后新妇从东阶下堂，这表示公婆把主持家中内务的事情交接给新妇了。

成妇礼，明妇顺，又申之以[①]著代，所以重责[②]妇顺焉也。妇顺者，顺于舅姑，和于室人[③]，而后当[④]于夫，以成丝麻[⑤]布帛之事，以审守委积盖藏[⑥]。是故妇顺备[⑦]而后内和理，内和理而后家可长久也。故圣王重之。

【注释】

①申之以：继之以。

②重责：强调。

③和于室人：和室人和睦相处。室人：指丈夫的姐妹和妯娌。

④当（dāng）：称心。

⑤成：完成。丝麻：治丝绩麻。麻可以织布，丝可以织帛。

⑥审守：谨慎地守护。委积：孙诒让《周礼正义》卷十九：“凡储聚禾米薪刍之属，通谓之委积。”盖藏：储藏。

⑦妇顺备：意思是妇顺都具备了。换言之，做到了上文的四点，才算是完全做到了妇顺。

【译文】

完成了妇礼，表明妇顺，又进一步重申新妇主持家务内事的资格。所有这些，都是为了强调要求新妇的顺从。所谓顺从，就是首先要孝顺公婆，其次要和其他家里人和睦相处。然后才能让丈夫称心如意。以便完成女织之事，从而能够谨慎地守护柴米油盐等的储藏。所以，只有上述的一切妇顺都具备了，家庭内部才是和谐安定，只有家庭内部和谐安定家才会长久，所以古代的圣王很是重视妇顺。

是以古者妇人先嫁三月①，祖庙未毁②，教于公宫③；祖庙既毁，教于宗室④。教以妇德、妇言、妇容、妇功⑤。教成祭之⑥，牲用鱼，芼之以蘋藻，⑦所以成妇顺也。

【注释】

①先嫁三月：出嫁前三个月。

②祖庙未毁：意思是出嫁女与国君还是五服以内的亲属。毁：迁的意思，指将神位迁到始祖庙内。《礼记·祭法》：“诸侯立五庙。”即始祖庙、高祖庙、曾祖庙、祖庙、父庙。始祖庙永远不毁。高祖庙以下四庙称为四亲庙。如果四亲庙中的任何一庙与当时的国君超过了缌麻亲的血缘关系，就要将其神位迁到始祖庙内。

③公宫：毛传：“宫，庙也。”但要注意，与国君是缌麻亲，则教于高祖庙；与国君是小功亲，则教于曾祖庙。其余类推。

④宗室：宗子，古代宗法制度称大宗的嫡长子。意思是宗子之家。

⑤教以妇德、妇言、妇容、妇功：古代，有专门负责教授妇德、妇言、妇容、妇功的女师。贞顺，意思是安分顺从；辞令，所谓应答说话；婉娩，指的是服饰干净整洁；丝麻，所谓的针黹女工。

⑥教成祭之：王引之《经义述闻》卷十六引其父王念孙说，认为此四字当作"教成之祭"，郑注云："祭其所出之祖也。"也就是说，此女若与国君同出于高祖，则祭高祖；同出于曾祖，则祭曾祖。其余类推。

⑦牲用鱼二句：大意指的是，这是告祭，不是正祭，因此祭品的礼数较轻。宾，服也，要使妇人服从柔顺。藻之言澡，澡，沐浴的意思，欲使妇人自洁自清。

【译文】

所以古代妇女在出嫁前的三个月，如果与国君是五服以内的亲属，接受婚前教育就在国君的祖庙里。要是出了五服，接受婚前教育就在大宗子的家里。由女师教给她们妇德、妇言、妇容、妇功。教成以后，就要举行教成之祭，意思是向祖先禀告，婚前教育完成。祭时用鱼做俎实，用蘋、藻这两种水草做羹菜，因为这些祭品都属于阴性一类，所以用来造成妇人的顺从。

古者天子后立六宫[①]，三夫人、九嫔、二十七世妇、八十一御妻，[②]以听天下之内治[③]，以明章妇顺，故天下内和而家理。天子立六官[④]，三公、九卿、二十七大夫、八十一元士，[⑤]以听天下之外治[⑥]，以明章天下之男教，故外和而国治。故曰：天子听男教，后听女顺；天子理阳道，后治阴德；天子听外治，后听内治。[⑦]教顺成俗，外内和顺，国家理治，此之谓盛德。

【注释】

①天子后：指天子的妻子，即王后。六宫：王后理事和居住的地方。郑玄注《周礼·天官·内宰》："妇人称寝曰宫。后象王，立六宫而居之，亦正寝一，燕寝五。"

②三夫人、九嫔、二十七世妇、八十一御妻：夫人、嫔、世妇、御妻都是妇官名。夫人最尊，其下依次而降。嫔、世妇、御妻的职掌，笼统地讲，都

是负责妇女的教育。

③听:治理、管理。内治:妇女的教育。

④六官:根据《周礼》的解释,六官分别是天官冢宰、地官司徒、春官宗伯、夏官司马、秋官司寇、冬官司空。

⑤三公、九卿、二十七大夫、八十一元士:此句与上文"三夫人"句对应,公、卿、大夫、元士都是官名。元士:天子之士。孔颖达《王制》疏云:"天子之士所以称元者,异于诸侯之士也。"

⑥外治:政事、国事。

⑦天子听男教六句:阴德:妇德。这是三组排比句,总的意思是天子与王后分治内外,但用词不一。从性别的角度讲,就用"男女";从刚柔的角度讲,就用"阴阳";从分工的角度讲,就用"外内":实际上,意思基本一样。

【译文】

古代王后设立六宫,有三夫人、九嫔、二十七世妇、八十一御妻这样的妇官,以治理天下的妇女的教育,借此表示彰明妇女应有的顺从,所以天下家庭和睦、家事都得到了治理。古代天子设立六官,有三公、九卿、二十七大夫、八十一元士这样的男官,以管理天下的政事,借此表示彰明男子应有的教化,所以政事和谐,国家安定。所以说:天子治理对男子的教化,王后管理对妇女顺从的教育;天子治理政务,王后治理家事;天子考察三公等官员是否尽职,王后考察三夫人等妇官是否尽职。男教和妇顺形成风俗,内外和谐又协调一致,国和家都治理得井井有条、安定有序,这就叫作盛德。

是故男教不修,阳事不得①,适见于天②,日为之食;妇顺不修,阴事不得,适见于天,月为之食。是故日食则天子素服而修六官之职③,荡天下之阳事④;月食则后素服而修六宫之职,荡天下之阴事。故天子之与后,犹日之与月、阴之与阳,相须而后成者也。天子修男教,父道⑤也;后修女顺,母道也。故曰:天子之与后,犹父之与母也。故为天王服斩衰⑥,服父⑦之义也;为后服资衰⑧,服母之义也。

【注释】

①阳事不得:政事失当。

②適见于天:上天就会表示谴责。適:通假字,通“谪”,谴责。见:“现”的古字。

③素服:白色的衣服。这是表示罪己。修:整顿、改进。

④荡天下之阳事:彻底除掉政事中的错误。

⑤父道:父亲的行辈。

⑥为天王服斩衰(cuī):天子死了,诸侯和大臣就要为他穿斩衰的丧服。斩衰:五种丧服中最重的一种。

⑦服父:为父亲服丧。

⑧资衰:也写作齐衰,五种丧服中次于斩衰的一种。

【译文】

所以,如果男子没有进行好教化,政事失当,天的谴责就表现出来了,发生日食;如果妇人没有进行好顺从的教育,妇人的家事处理失当,天的谴责就表现出来了,发生月食。所以发生日食的时候,天子就身穿白色衣服,表示自我反省,还要督促六官整顿、改进政务,将弊政革除;发生月食的时候,王后就身穿白色衣服,表示自我反省,还要整顿、督促六宫的工作,将妇女问题上发生的错误彻底除掉。所以,天子和王后,就像太阳之于月亮,阳之于阴,是相互辅助而后相互成就的关系。因为天子掌管男子的教化,所以属于父亲的行辈;因为王后掌管女子的顺从教育,所以属于母亲的行辈。所以说,天子和王后,就像是父亲和母亲。因此,天子去世以后,诸侯和大臣就要为他穿斩衰的丧服,这和为父亲服丧是一样的道理;王后去世以后,就要为她穿齐衰的丧服,这和为母亲服丧是一样的道理。

乡饮酒义

乡饮酒之义：主人拜迎宾于庠门之外，入三揖而后至阶，三让而后升，所以致尊让也。盥洗、扬觯，所以致洁也。拜至，拜洗，拜受[①]，拜送[②]，拜既，所以致敬也。尊让、洁、敬也者，君子之所以相接也。君子尊让则不争，洁、敬则不慢。不慢不争，则远于斗辩矣；不斗辩，则无暴乱之祸矣。斯君子之所以免于人祸也，故圣人制之以道。

【注释】

①拜受：意思是凡受物前先行的拜礼。

②拜送：指的是凡授物而后行的拜礼。

【译文】

乡饮酒礼的含义是这样的：主人迎接宾客要走出乡学门外，并向宾行再拜礼；主人与宾进门后，互相三次作揖礼后，才来到堂阶前；在升阶之前，主人与宾又互相谦让了三次，然后主和宾均升堂。这都是为了表示对宾的极大的尊重和谦让。宾主先洗过手以后，再洗酒杯，接着才举杯饮酒，这样做是为了表示干净、清洁。宾到了后，主人拜迎，主人洗酒杯后，宾拜洗，主人献酒的时候，宾要行拜礼，宾接受献酒后，主人要拜送，宾饮酒完毕而主人拜谢。这样做都是为了表示对对方的敬意。互相之间尊重和谦让，饮食干净、清洁，互相致敬，君子就是这样交往的。君子互相之间尊重谦让，就不会导致争斗；饮食干净、清洁、互相致敬，就不会有怠慢这样的事情发生。没有怠慢，没有争斗，就会远离战斗和诉讼一类的事。没有战斗和诉讼一类的事，自然也就没有暴力、祸乱的灾难了。这就是君子避免人为灾祸的办法。所以圣人才制定了乡饮酒礼。

乡人、士、君子[①]，尊[②]于房户之间，宾主共之也。尊有玄酒[③]，贵其质也。羞出自东房，主人共之也。洗当东荣[④]，主人之所以自洁，而以事宾也。宾主，象天地也。介僎[⑤]，象阴阳也。三宾[⑥]，象三光也。让之三也，象月之三日而成魄[⑦]也。四面之坐，象四时也。[⑧]天地严凝之气，始于西南而盛于西北，此天地之尊严气也，此天地之义气也。天地温厚之气，始于东北而盛于东南，此天地之盛德气也，此天地之仁气也。主人者尊宾，故坐宾于西北而坐介于西南以辅宾。宾者，接人以义者也，故坐于西北。主人者，接人以仁、以德厚者也，故坐于东南；而坐僎于东北，以辅主人也。仁义接，宾主有事，俎豆有数，曰圣。圣立而将之以敬，曰礼。礼以体长幼，曰德。德也者，得于身也。故曰：古之学术道者，将以得身也。是故圣人务焉。

【注释】

①乡人、士、君子：此处都是爵位的名称。乡人指乡大夫。士，指州长、党正。君子，指卿大夫。

②尊：通假字，通"樽"，指设酒樽。也就是设酒壶。

③玄酒：就是水。上古无酒，以水当酒，名曰玄酒。

④洗：盛水的容器。荣：屋檐两端翘起的部分，又叫屋翼，就像鸟之张其两翼。

⑤介僎(zūn)：陪客乡绅。介是陪客。僎，通"遵"，被主人请来观礼的乡绅，辅助主人行礼。

⑥三宾：意思是众宾之长三人。行乡饮酒礼时，众宾人数较多，其中多数是立于堂下，而推出三位年长者在堂上就座，坐在正宾之西，叫作"三宾"。

⑦成魄：生魄。魄是月亮圆而始缺时的不明亮处，月朔后三日，魄乃重新受明发光。

⑧四面之坐，象四时也：主人、宾、介、僎四面对坐，象征四季。孔颖达说："主人东南，象夏始；宾西北，象冬始；馔东北，象春始；介西南，象

秋始。”

【译文】

乡大夫、州长、党正以及卿大夫在举行乡饮酒礼时,酒壶放在东房门与室门之间的地方,这可以使得宾和主能够共同享用此酒。酒壶里装的酒是玄酒,看重的是玄酒的质朴。美味的菜肴从东房端出,这表示菜肴是主人供给的。将盛水的容器陈设在东边屋檐下,原本是主人自己洗手洗脸的用具,现在用来侍奉宾客。宾和主人,象征天与地。介和僎,象征阴与阳。众宾之中年长者三人,象征太阳、月亮以及星辰。互相谦让三次才一齐升堂,这象征月朔后三日方重现光明。主人、宾、介、僎分为四面对坐,他们四位象征四季。天地之间的严凝之气,从西南方向开始,最为强盛的是在西北方向,这是天地之间的尊严之气,是天地之间的义气。天地之间的温厚之气,从东北方向开始,最为强盛的是在东南方向,这是天地之间的盛德之气,是天地之间的仁气。主人为了向来宾表示敬意,所以将宾安排在西北的席位上,而将介安排在西南的席位上以辅助宾。我们说的宾,在人际交往中的突出特点是义,所以被安排在西北的座席上,这样可以和义气相应。我们说的主人,在人际交往中的突出特点是仁爱、贤德,所以在位于东南的座席上就座,这样可以和仁气相应而让馔坐在东北的席位上来帮助主人。仁和义互相交接,宾和主人各得其所,待客的佳肴符合要求的数目,这就叫圣明。既圣明又持之以敬意,这就叫礼。把礼作为规范,让百姓都能身体力行,这就叫德。所谓德,就是这种身体力行的所得。所以说,古时学习技艺、道艺的人,就是要在身体力行上有所得。所以圣人都努力去实行。

祭荐①、祭酒,敬礼也。哜②肺,尝礼也。啐③酒,成礼也。于席末④,言是席之正,非专为饮食也,为行礼也,此所以贵礼而贱财也。卒觯致实⑤于西阶上,言是席之上,非专为饮食也,此先礼而后财之义也。先礼而后财,则民作敬让而不争矣。

【注释】

①荐:脯醢,此处为进献的脯醢。

②哜(jì):品尝,入口牙齿地尝。

③啐(cuì):品尝,整个放入口中地尝。

④席末:席的西端。

⑤卒觯致实:干杯。"卒觯"、"致实"都是干杯的意思。郑玄说:"致实,谓尽酒也。酒为觞实。"

【译文】

主人向宾进献酒食,先献脯醢,宾取脯醢来祭先人;又献酒,宾取酒来祭先人,这是表示敬重主人的礼数。宾轻尝一口肺,表示接受了主人的敬意。宾又尝了一口酒,表示完成了主人的献酒之礼。宾坐在宴席的末端,表示此席的真正意义并不是为了吃东西和饮酒,而是为了成就礼,这是表示重视礼数而轻视财物。宾在西阶上与主人干杯,也是表示坐在此席之上的真正意义并不是为了吃东西和饮酒,而是为了成就礼,这是表示先礼后财的意思。百姓都能做到了先礼后财,那么就会兴起恭敬谦让的风气,而没有争斗的情况发生了。

乡饮酒之礼[①]:六十者坐,五十者立侍,以听政役,所以明尊长也。六十者三豆[②],七十者四豆,八十者五豆,九十者六豆,所以明养老也。民知尊长养老,而后乃能入孝弟。民入孝弟,出尊长养老,而后成教。成教而后国可安也。君子之所谓孝者,非家至而日见之也;合诸乡射[③],教之乡饮酒之礼,而孝弟之行立矣。孔子曰:"吾观于乡,而知王道之易易也。"

【注释】

①乡饮酒之礼:上文的乡饮酒之礼,主旨在于敬贤;本节所讲的乡饮酒之礼,主旨在于养老。

②豆:装食物的器皿,高脚的盘子。

③乡射:指乡射礼,就是在乡饮酒礼的时候举行射箭比赛。

【译文】

乡饮酒之礼是这样要求的:六十岁的人可以坐着,五十岁的人则需要站着侍候,听候使唤,这是为了表明对年长者的尊敬。六十岁的人上三个菜，七十岁的人四个菜，八十岁的人五个菜，九十岁的人六个菜，这是为了表明对老人的奉养。百姓知道尊敬老人和奉养老人，然后才能孝顺父母、敬事兄长。百姓在家里能够孝顺父母、敬事兄长，到了外面才能尊敬老人和奉养老人，然后才能形成教化。形成了教化国家才能太平安定。君子要教导人们做到孝顺，并不是挨家挨户地教育，每天耳提面命地提醒，而是只要在举行乡射礼时把百姓聚集在一起，教导百姓乡饮酒礼的规矩，就可以培养他们养成孝顺父母、敬事兄长的风气。孔子说："我看了乡饮酒礼以后，就知道了国君的教化得到推行是很容易的事。"

主人亲速宾及介，而众宾自从之。至于门外，主人拜宾及介，而众宾自入。贵贱之义别[①]矣。三揖至于阶，三让以宾升，拜至、献酬，辞让之节繁。及介，省矣。[②]至于众宾，升受，坐祭，立饮，不酢而降。隆杀之义辨矣。工入，升歌三终[③]，主人献之。笙入三终[④]，主人献之。间歌三终[⑤]，合乐三终[⑥]。工告乐备，遂出。一人扬觯，乃立司正[⑦]焉。知其能和乐而不流也。宾酬主人，主人酬介，介酬众宾，少长以齿，终于沃洗者焉。知其能弟长而无遗矣。"降，说屦，升坐，修爵无数。"[⑧]饮酒之节，朝不废朝，莫不废夕。宾出，主人拜送，节文终遂[⑨]焉。知其能安燕而不乱也。贵贱明，隆杀辨，和乐而不流，弟长而无遗，安燕而不乱，此五行者，足以正身安国矣。彼国安而天下安，故曰："吾观于乡，而知王道之易易也。"

【注释】

①别：区别。

②及介，省矣：等到介的时候，就把这些礼节省略了。

③升歌三终：升堂唱了三首歌曲。三首歌曲分别是《鹿鸣》、《四牡》、《皇皇者华》，都是《诗经·小雅》篇名。

④笙入三终：用笙吹奏的三支曲子。三首曲子分别是《南陔》、《白华》、《华黍》。据郑玄说，都是《小雅》的篇名，但在汉代已经佚失，其义未闻。

⑤间歌三终：间指交替唱歌三曲。据《仪礼》，堂上歌唱《鱼丽》，堂下吹奏《由庚》；堂上歌唱《南有嘉鱼》，堂下吹奏《崇丘》；堂上歌唱《南山有台》，堂下吹奏《由仪》。都是《小雅》篇名。

⑥合乐三终：合奏三曲。孔颖达：若工歌《关雎》，则笙吹《雀巢》合之；若工歌《葛覃》，则笙吹《采蘩》合之；若工歌《卷耳》，则笙吹《采蘋》合之。

⑦司正：官职名称。是为了防止有人酒后失仪，设立司正纠察。

⑧降，说屦，升坐，修爵无数：撤俎之后，大家下堂脱掉鞋子，然后重新升堂入座。下酒菜端上来以后，大家就开始彼此劝酒，不计其数，尽兴为止。说：通“脱”，脱下。修：进也。

⑨终遂：郑玄说：“终遂，犹充备也。”

【译文】

乡饮酒礼开始之前，主人亲自前往邀请正宾和介；而其他大部分的宾不需要邀请，由他们自己跟随正宾和介而来。到了主人门外，主人向宾和介行拜礼；至于众宾，只是作一个揖，就请他们进来了。由此就可以区分出地位的贵贱。进门以后，主人与正宾互相三次揖礼走到堂阶前；主人与正宾互相推让了三次才一齐升堂；升堂以后，主人又向正宾行拜礼，感谢他的光临；入席以后，主人要向宾斟酒，宾又回敬主人，主人又要先斟酒自饮而后斟酒劝宾再饮：辞让的礼节非常繁多、复杂。等到主人招待介的礼数就省略了很多。等到主人招待众宾，众宾只能登上西阶接受献酒，就在西阶上跪着祭，站着喝酒，喝酒也不用回敬主人就可下堂。招待规格的高低，由此可以看出。乐工进来，演唱了三首歌曲。演唱结束后主人向乐工献酒。然后用笙吹奏了三首乐曲。吹奏结束后主人向吹笙者献酒。然后堂上鼓瑟一歌，堂下吹笙一曲，这样交替地各自吹奏了三首。然后堂上的歌、瑟与堂下的笙、磬一齐合奏，各奏了三首。然后乐工向主人报告歌曲都已演奏完毕，乐工就可以退场了。这时主人属下对宾举杯，表示旅酬就要开始。为了防止酒后失仪，设立司正来监察饮酒者。这是为了表示乡饮酒礼能够大家高兴、和乐，却又不流于放肆失礼。旅酬开始，宾向主人举杯劝饮，主人向介举杯劝饮，介向众宾举杯劝饮，都是按照年龄的长幼来安排顺序，等到侍候宾主盥洗的人出来后结束宴饮。这样乡饮酒礼能够使大家无论长幼都被恩泽而无所遗漏。撤俎之后，大家下堂脱掉鞋子，然后重新升堂入座。下酒菜端上来以后，大家就开始彼此劝酒，不计其数，直到尽兴。饮酒时间的控制，以不耽误早上上早朝、不耽误晚上办事为原则。乡饮酒礼结束，来宾退出，主人拜送到门外，礼节自始至终毫无差错。由此可知，乡饮酒礼能够使大家玩得痛快而毫不混乱、井然有序。区分了来宾地位的贵贱，分清招待规格的高低，和睦快乐而又不放肆失礼，无论年纪长幼都能被恩泽而无所遗漏，玩得高兴而又秩序井然。做到以上这五点，就足以端正自身、没有错误，让国家得到安定。国家得到安定，天下也就自然太平安定了。所以孔子说："我参观过乡饮酒礼以后，就知道了王者教化的推行是很容易的事。"

乡饮酒之义：立宾以象天，立主以象地，设介僎以象日月，立三宾以象三光①。古之制礼也，经之以天地，纪之以日月，参之以三光，政教之本也。亨狗于东方②，祖阳气之发于东方也。洗之在阼③，其水在洗东，祖天地之左④海也。尊有玄酒，教民不忘本也。宾必南乡。东方者春，春之为言蠢也，产万物者圣⑤也。南方者夏，夏之为言假也。养之，长之，假之，仁也。西方者秋，秋之为言愁⑥也。愁之以时察⑦，守义者也。北方者冬，冬之为言中⑧也，中者藏也。是以天子之立也：左圣，乡仁；右义，偝藏也。介必东乡，介宾主也。主人必居东方。东方者春，春之为言蠢也，产万物者也。主人者造之，产万物者也。月者三日则成魄，三月则成时，是以礼有三让，建国必立三卿。三宾者⑨，政教之本，礼之大参也。

【注释】

①三光：指二十八宿中的房、心、尾三宿。

②亨：通"烹"，烹调。东方：指的是堂的东北方向。

③洗之在阼：和上文的"洗当于东荣"一个意思，只是换个说法而已。

④左：东。

⑤圣：郑玄说："圣之言生也。"

⑥愁：收敛。

⑦察：杀戮的意思。

⑧中：里面。

⑨三宾者：三位宾长。王夫之说："三宾者"之下有阙文。

【译文】

举行乡饮酒礼的意义是：设立正宾的位置来代表天，设立主人的位置来代表地，设立介和僎来代表日月，设立三宾以代表三光。古人在制出礼的规矩的时候，以天地为原则，以日月为总纲，以三光为辅佐，构成了政治和教化的根本。在堂的东方加以烹煮牲用的狗，这是要效法阳气都是来自东方。洗放在阼阶的东南，要用的水又放在洗的东边，这是要效法天地的东方是海。玄酒装在酒杯里，这是为了教育百姓不可忘记自己的根本。正宾一定面朝南方坐下。从五行上来说，东方代表春的位置，所谓春，就是万物萌芽生长的意思，东方产育万物，这就是圣，也就是生。南方代表夏的位置，所谓夏，就是大的意思。南方养育万物，使万物长大，这就是仁。西方代表秋的位置，所谓秋，就是收敛的意思。按照节令进行收获和杀戮，这就是守义。北方代表冬的位置，所谓冬，就是中的意思，而中又有收藏的意思。所以天子在站立时的位置，左边挨着圣，面朝南而向着仁；右边挨着义，背朝北而依着藏。介一定面东而落座，因为他要在宾主之间起沟通作用。主人一定要在东方落座。因为东方代表春的位置，而春是生产万物、万物生长的。主人要坐在东方之位，是因为主人提供一切招待宾客的饮食。月朔后三日，月亮的阴暗部分才恢复光明，三个月成为一季，所以宾主有互相谦让三次之礼，建国要设立三个卿位。乡饮酒礼设立三位宾长，这是政教的根本，也是制礼的重要依据。

聘义

聘礼：上公七介[①]，侯伯五介，子男三介，所以明贵贱也。介绍而传命[②]，君子于其所尊弗敢质，敬之至也。三让而后传命，三让而后入庙门，三揖而后至阶，三让而后升，所以致尊让也。君使士迎于竟[③]，大夫郊劳。君亲拜迎于大门之内而庙受，北面拜贶[④]，拜君命之辱，所以致敬让也[⑤]。敬让也者，君子之所以相接也。故诸侯相接以敬让，则不相侵陵。卿为上摈，大夫为承摈，士为绍摈。[⑥]君亲礼宾，宾私面私觌[⑦]。致饔饩[⑧]，还圭璋[⑨]，贿赠，飨、食、燕[⑩]。所以明宾客、君臣之义也。故天子制诸侯，比年小聘，三年大聘，相厉以礼。使者聘而误，主君弗亲飨食也所以愧厉之也。诸侯相厉以礼，则外不相侵，内不相陵。此天子之所以养诸侯，兵不用，而诸侯自为正之具也。以圭璋聘，重礼也。已聘而还圭璋，此轻财而重礼之义也。诸侯相厉以轻财重礼，则民作让矣。主国待客，出入三积[⑪]。饩客于舍，五牢之具陈于内。米三十车，禾三十车，刍薪倍禾，皆陈于外。乘禽[⑫]日五双，群介皆有饩牢。壹食再飨，燕与时赐无数。所以厚重礼也。古之用财者不能均如此，然而用财如此其厚者，言尽之于礼也。尽之于礼，则内君臣不相陵，而外不相侵。故天子制之，而诸侯务焉尔。

【注释】

①介：聘宾的随从。聘宾是正使，介可以说是副使。

②介绍而传命：聘宾的随从依次排列站好，然后才传达聘君的命令。绍：挨着、继的意思。

③竟：通“境”，国境。

④贶(kuàng)：赠送。

⑤所以致敬让也：这些都是表示主君对聘君、聘宾的尊敬谦让的。“让”字原脱，据《大戴礼·朝事》补。

⑥卿为上摈，大夫为承摈，士为绍摈：主国接待聘宾，由卿为上摈，大夫为承摈，士为绍摈。承、绍，都有继的意思。上摈、承摈、绍摈，都是主国国君派出的迎宾者。

⑦私面：聘宾以个人的名义拜访主国的卿大夫。私觌（dí）：聘宾以个人的名义晋见主国国君。

⑧致饔饩（xì）：馈赠已杀的牲畜和未杀的牲畜。已杀的牲叫作饔，未杀的活牲畜叫作饩。已杀的牲如果煮熟了就叫作饪，未煮的生肉叫作腥。

⑨圭璋：礼物。圭是聘国君的礼物，璋是聘夫人的礼物。

⑩飨、食（sì）、燕：指飨礼、食礼、燕礼。是三种宴请的礼，飨礼最为隆重，食礼次之，燕礼又次之。

⑪积：指刍、米之类物品，用以供给聘宾道路之所需。

⑫乘（shèng）禽：指类似雁、鹜之类的，雌雄形影不离而又成群地聚集在一起的鸟类。

【译文】

所谓的聘礼就是指：爵为上公的诸侯，派卿出聘用七个副使；爵为侯伯的诸侯，派卿出聘用五个副使；爵为子男的诸侯，派卿出聘用三个副使。这是为了区分身份的尊贵卑贱的。聘宾的随从依次排列站好，然后才传达聘君的命令，这是君子对于他所尊敬的人不敢怠慢，表示非常尊敬。聘宾辞让三次以后，才传达聘君的问候，谦让了三次以后，才随着摈者进入庙门，然后聘宾与主君互相揖礼三次才来到堂阶跟前，互相又谦让了三次，接着主君才率先登阶，聘宾接着登阶。这些都是为了表示尊敬和谦让的。聘宾到达主国的国境，主君派士将聘宾迎入境内；聘宾到了近郊以后，主君又派大夫前去慰劳；聘宾来到主国宗庙大门的外面，主君亲自拜迎于宗庙大门之内，然后在庙中接受聘宾转达聘君派其来访的意思；聘宾献上带来的礼物，主君面朝北拜谢厚赐，拜谢聘君派遣使者光临。这么做就是为了表示主君对聘君、聘宾的尊敬谦让的。尊敬谦让，是君子相互交往应有的态度。所以诸侯之间互相尊敬谦让，就不会有侵略欺凌的情况发生。主国接待聘宾，由卿为上摈，大夫为承摈，士为绍摈。主君亲自用醴酒来酬谢聘宾，聘宾又以私人身份拜访主国卿大夫，以私人身份晋见主国国君；主君又派人前往宾馆向聘宾馈送一些已杀的牲畜和未杀的牲畜，退还聘宾作为信物奉献的圭璋；还要向聘君转赠一束纺绸；举行食礼、飨礼和燕礼来招待聘宾。这些都是为了表示宾主之间、君臣之间应有的礼数。所以，天子为诸侯制定了规矩：每年派大夫互相聘问，每三年派卿互相聘问，以礼来互相勉励。如果使者来聘时礼节上出现了错误，主国国君就不亲自为使者举行飨礼和食礼，通过这个使使者感到羞愧，激励他自我勉励。诸侯之间也以礼互相勉励，那么就不会发生对外互相侵犯、对内互相欺凌的情况。这就是天子能够不适用兵力驾驭诸侯，而使诸侯自我约束的方法。用圭璋作为行聘的礼物，就是非常重的礼了。把送来的圭璋又归还回去，这是表示轻视财物而重视礼仪的意思。如果诸侯之间都可以做到轻视财物、重视礼仪，并且互相勉励，那么百姓就会跟着讲究谦让了。主国在招待客人时，要馈送三次粮草之类的物品；客人住进宾馆之后，主君要派人把饔饩五牢送到宾馆门内；另外，还有三十车米，三十车禾，六十车饲草，六十车薪柴，都放在宾馆门外。每天还要提供鹅鸭之类的家禽五双，向聘宾的随从馈送饔饩；主君要为客人举行一次正式的食礼、两次正式的飨礼，至于燕礼和四时当令新物的馈赠，则没有固定的数目。以上都是为了表示对礼的高度重视。古人的使用财物并不都是这样，但是却花费如此巨大的财物在聘礼上，就是为了说明对礼的极其重视。如果大家都对礼极其重视，那就会对内君臣和谐，不互相欺凌，对外国家太平，不互相侵略。所以天子制定了聘礼的规矩，而诸侯也都专心实施。

聘射之礼，至大礼也。质明而始行事，日几中而后礼成，非强有力者弗能行也。故强有力者，将以行礼也。酒清[①]，人渴而不敢饮也；肉干，人饥而不敢食也；日莫[②]人倦，齐庄正齐而不敢解惰[③]，以成礼节。以正君臣，以亲父子，以和长幼。此众人之所难，而君子行之，故谓之有行。有行之谓有义，有义之谓勇敢。故所贵于勇敢者，贵其能以立义也；所贵于立义者，贵其有行也；所贵于有行者，贵其行礼也。故所贵于勇敢者，贵其敢行礼义也。故勇敢强有力者，天下无事，则用之于礼义；天下有事，则用之于战胜。用之于战胜则无敌，用之于礼义则顺治。外无敌，内顺治，此之谓盛德。故圣王之贵勇敢强有力如此也。勇敢强有力，而不用之于礼义、战胜，而用之于争斗，则谓之乱人。刑罚行于国，所诛者乱人也。如此则民顺治而国安也。

【注释】

①清：通“滄”，冷寒。

②莫：通“暮”，傍晚。

③齐庄：指“斋庄”。齐：通假字，通“斋”。解：通假字，通“懈”。

【译文】

聘礼和射礼，是最重要的礼。天刚亮的时候就开始举行仪式，到了中午时才能结束，不是身体强健的人便不能完成。所以，只有身体强健的人才能实行这么重大的礼。酒已凉了，人虽然渴了也不敢喝；肉也要晾干了，人虽然饿了也不敢吃；到了傍晚时分，人们都感到疲倦了，但还是要班列整齐，神态端庄，不敢有丝毫懈怠，坚持完成各种礼节。这样才能使君臣正位，父子相亲，长幼和睦。这是普通的百姓很难做到的，而君子却可以做到，所以说君子是有行的。有行就是有义，有义就是勇敢。所以勇敢之所以可贵，贵在他能够立义；立义之所以可贵，贵在他能够有行；有行之所以可贵，贵在他能够行礼。所以人们要看重勇敢，就是看重了他敢于实行礼义。所以勇敢和身体强壮的人，在天下太平，没有战事的时候，就把他的勇敢和身体强壮用到实行礼义方面；在天下大乱、战争纷起的时候，就把他的勇敢和身体强壮用到战胜敌人方面。用到克敌制胜方面就会所向无敌，用到实行礼义方面就会无为而治。对外做到了所向无敌，对内做到了无为而治，这就可以称作盛德。所以这就是圣王对勇敢和身体强壮的人如此看重的原因。一个人如果勇敢和身体强壮，但不把它用到实行礼义和克敌制胜方面，而用到争强好胜上去，那就会造成人为的灾祸。国家制定刑罚，就是要惩处这样的人。这样一来，百姓就会服从治理而国家也得以安宁。

子贡问于孔子曰："敢问君子贵玉而贱碈[1]者何也？为玉之寡而碈之多与？"孔子曰："非为碈之多，故贱之也；玉之寡，故贵之也。夫昔者君子比德于玉焉：温润而泽，仁也；缜密以栗，知也；廉而不刿[2]，义也；垂之如队[3]，礼也；叩之，其声清越以长，其终诎然，乐也；瑕不掩瑜，瑜不掩瑕，忠也；孚尹旁达[4]，信也；气如白虹，天也；精神见于山川，地也；圭璋特达，德也；天下莫不贵者，道也。《诗》云：'言念君子，温其如玉。'[5]故君子贵之也。"

【注释】

①碈：一种像玉的石头。

②刿(guì)：刺伤。

③队：通假字，通"坠"，下坠、下垂。郑玄说"礼尚谦卑"，所以才"垂之如队，礼也"。

④孚尹(yún)旁达：光彩晶莹，表里如一。孚：通假字，通'浮'。尹：颜色，类似竹上的青色。王夫之说："言光彩外发如筠，而浮动旁达，表里如一也。"

⑤言念君子，温其如玉：多么想念君子啊，他就像玉那样温文尔雅。言：助词，无实义。

【译文】

子贡向孔子请教，问道："请问君子，为什么人们都认为玉贵重而碈便宜呢？是因为玉的数量少而碈的数量多吗？"孔子回答说："并不是因为碈的数量多，所以就轻视它；也不是因为玉的数量少，所以就看重它。从前的君子，都是把人的美德和玉来进行对比：玉温厚而又润泽，就像是仁爱这样的美德；玉缜密而又坚实，就像是智这样的美德；玉有棱角而不伤人，就像是义这样的美德；玉佩垂而下坠，就像是礼这样的美德；轻轻敲击一下，玉声清脆悠扬，响到最后，又戛然而止，声音如同动听的音乐；既不因它的优点而掩盖其缺点，也不因它的缺点而掩盖其优点，就像是人的忠诚；光彩晶莹，表里如一，就像是人的诚信；宝玉所在，就会形成一道如白虹的气，就像是可以和天息息相通；产玉的地方，山川草木津润丰美，又像是可以和地息息相通；圭璋作为朝聘时的礼物可以单独使用，这正是看重玉的美德；天下没有人不看重玉的美德的，这就好像天下没有人不看重道那样。《诗经》说：‘思念君子，他就如同玉那样温文尔雅。’所以君子才看重玉。”

丧服四制

凡礼之大体，体天地，法四时，则阴阳，顺人情，故谓之礼。訾[①]之者，是不知礼之所由生也。夫礼，吉凶异道[②]，不得相干，取之阴阳也。丧有四制[③]，变而从宜，取之四时也。有恩有理，有节有权，取之人情也。恩者仁也，理者义也，节者礼也，权者知也。仁、义、礼、知[④]，人道具矣。

【注释】

①訾（zǐ）：诋毁、谩骂。

②吉凶异道：礼有吉礼、凶礼，二者的做法大不相同。孙希旦说："居丧之衣服、容貌、饮食、居处皆与吉时不同。"

③丧有四制：丧服有四条原则。从人情上来说，就是感情、理智、原则性、灵活性；从道德上来说，就是仁、义、礼、知。

④知：古"智"字。

【译文】

制定礼的总的原则是，取法于天和地，效法四季时节，符合阴阳之道，顺应人情，这样制定出来的才叫作礼。那些诋毁礼的人，根本就不知道礼是如何产生的。所谓的礼，有吉礼、凶礼，这两种礼的做法是不相同的，互相不能混为一谈，就是取法于阴阳。丧服有四条原则，灵活变通地采取其中某条原则，就是取法于四时。在四条原则中，有的属于感情上的，有的属于理智上的，有的属于原则性，有的属于灵活性，这些都是取法于人情。属于感情上的就是仁的表现；属于理智上的就是义的表现；属于原则性的就是礼的表现；属于灵活性的东西就是智的表现。仁、义、礼、智都齐备了，做人的道德也就都具有了。

其恩厚者其服重，故为父斩衰三年，以恩制者也。门内之治，恩掩义；门外之治，义断恩。资于事父以事君①，而敬同。贵贵尊尊，义之大者也。故为君亦斩衰三年，以义制者也。

【注释】

①资：拿取。君：此处的“君”字为泛指，它包括天子、诸侯、卿大夫，绝不是只指国君。所以郑玄注解下文“贵贵尊尊”说：“贵贵，谓大夫君也。尊尊，谓天子、诸侯也。”

【译文】

如果恩情深重，所穿的丧服就重，所以父亲去世后要穿斩衰这样的丧服，守丧三年，这就是以感情原则为依据的。为自己有血缘关系的亲属服丧，感情重于理智；为自己没有血缘关系的亲属服丧，理智重于感情。用侍奉父亲的态度来侍奉君，对父亲和对君的敬爱程度是一样的。家臣尊敬卿大夫，臣子、百姓尊敬天子、诸侯，这是义中最重要的大事。所以，天子、诸侯、卿大夫如果去世了，作为他的臣子、百姓或家臣也要穿斩衰这样的丧服，守丧三年。这是以理智原则为根据的。

三日而食，三月而沐，期而练①，毁不灭性，不以死伤生也。丧不过三年，苴衰②不补，坟墓不培，祥③之日，鼓素琴④：告民有终也，以节制者也。资于事父以事母，而爱同。天无二日，土无二王，国无二君，家无二尊：以一治之也。故父在为母齐衰期者，见⑤无二尊也。

【注释】

①练：丧冠、练冠，用煮练得柔软洁白的布制作而成。

②苴(jū)衰：指斩衰。丧服的一种，苴是用雌麻做成的首绖和腰绖。

③祥：大祥，即父母去世两周年时的祭礼。

④素琴：没有雕饰的琴。

⑤见：古“现”字。

【译文】

父母过世以后，三天就可以喝粥，三个月就可以洗头，周年以后就可以改戴练冠，就算极度悲伤也不能危及生命，这体现了不因死者而伤害生者的道理。丧期不能超过三年，丧服破了也不用再补，墓地也不再添土，到了父母去世两周年时的祭礼，就可以弹奏素琴。以上这些，是要告诉百姓哀伤是有限度的，这是以原则性的精神为依据的。用侍奉父亲的态度来侍奉母亲，对父亲和母亲的亲爱程度是一样的。但是因为天上没有两个太阳，地上没有两个人称王，国家没有两个君主，家里没有两个家主，以上都说明只能由一个人来做最高领导。所以父亲健在的时候，母亲却去世了，那就只能降服齐衰，丧期一年，以此来表示家无二主的道理。

杖者何也？爵也[①]。三日授子杖，五日授大夫杖，七日授士杖。或曰担主，或曰辅病[②]。妇人、童子[③]不杖，不能病也。百官备，百物具，不言而事行者扶而起；[④]言而后事行者，杖而起；[⑤]身自执事而后行者，面垢而已。[⑥]秃者不髽[⑦]，伛者不袒，跛者不踊，老病不止酒肉。凡此八者，以权制者也。

【注释】

①爵也：爵位。

②辅病：扶持病体，即扶病。

③妇人、童子：指未行及笄礼的女童和男童。

④百官备三句：办丧事的所有执事的人已经准备好，所需要的各种物品也应有尽有，丧主不用说话就把事情办了，这样的丧主哀痛到别人搀扶才能站起。是指天子、诸侯来说的。

⑤言而后事行者，杖而起：丧主要必须交代清楚，事情才能办理，这样的丧主哀痛到自己拄着丧杖站起。这是指大夫、士来说的。

⑥身自执事而后行者，面垢而已：丧主必须亲力亲为，事情才能办理，这样的丧主哀痛到只是蓬头垢面而已。这是指庶民来说的。

⑦髽(zhuā)：妇人露着发髻。

【译文】

服丧者拄着丧杖是为什么呢？因为服丧者是有爵位的人。天子去世，第三天授给太子丧杖，第五天授给大夫丧杖，第七天授给士丧杖。有的人拄杖是因为嫡子担任丧主，须要主持丧礼。有的人拄杖是因为父母之丧哀痛太甚，因而致病，须要用杖来扶持病体。未及笄的女孩子、男孩子不用拄杖，因为他们年龄还小，哀痛不深，不会生病。办丧事的所有执事的人已经准备好，所需要的各种物品也应有尽有，丧主不用说话就把事情办了，这样的丧主哀痛到别人搀扶才能站起。丧主要必须交代清楚，事情才能办理，这样的丧主哀痛到自己拄着丧杖站起。丧主必须亲力亲为，事情才能办理，这样的丧主哀痛到只是蓬头垢面而已。居丧时，秃头的妇女可以不用露出发髻，驼背的人可以不用袒衣露体，瘸子在哭泣时可以不用顿足跳起，年老和有病的人可以不用停止喝酒吃肉。以上八件事，都是根据灵活性的原则制定的。

始死，三日不怠，三月不解①，期悲哀，三年忧，恩之杀②也。圣人因杀以制节，此丧之所以三年，贤者不得过，不肖者不得不及。此丧之中庸也，王者之所常行也。《书》曰："高宗谅闇，三年不言。"③善之也。王者莫不行此礼，何以独善之也？曰：高宗者武丁，武丁者殷之贤王也，继世即位，而慈良于丧。当此之时，殷衰而复兴，礼废而复起，故善之。善之，故载之书中而高之，故谓之"高宗"。三年之丧，君不言，《书》云"高宗谅闇，三年不言"，此之谓也。然而曰"言不文"④者，谓臣下也。

【注释】

①解：通"懈"，懈怠。意思是哭之不懈。

②杀（shài）：减少、降低。

③高宗谅闇，三年不言：殷高宗居庐守丧，三年不谈国事。

④言不文：说话不必讲究修辞。

【译文】

亲人刚刚去世，头三天哭之不懈，不吃不喝，头三个月仍时时哭泣，一周年之内依然愁容满面,三年之内还很忧伤。这就是说丧亲的哀痛也跟着递减。圣人就根据这哀痛的逐渐递减来制定礼的规定,这就是丧期一定要规定成三年的原因,孝顺的子女也不能超过三年,不孝的子女也不得少于三年。这是丧礼的折中之处,君王们也都是如此照办的。《尚书》上说:“殷高宗居庐守丧,三年不谈国事。”做得非常好啊。凡是君王,没有不按照这个规矩办事的,为什么单说殷高宗做得好呢?回答是:殷高宗就是武丁,武丁是殷代的贤王,他即位以后,一心一意地住在庐里守丧。就在这个时候,殷代从衰败而转向复兴,被废弃的礼又开始被重视,所以说殷高宗做得好。因为殷高宗做得好,所以特地在《尚书》中记载此事并加以赞扬,所以称他作“高宗”。为父母守三年之丧,天子、诸侯不用说话就可以完成政事,《尚书》上说的“殷高宗居庐守丧,三年不谈国事”,说的就是这个意思。然而《孝经》却说“孝子在居丧期间,说话不讲究修辞”,似乎和《尚书》讲的有点矛盾,要知道《孝经》讲的是臣下呀。

礼:斩衰之丧,“唯”而不对;齐衰之丧,对而不言;大功之丧,言而不议;缌、小功之丧,议而不及乐。父母之丧[①],衰,冠绳缨,菅[②]屦,三日而食粥,三月而沐,期十三月而练冠,三年而祥。比终兹三节[③]者,仁者可以观其爱焉,知者可以观其理焉,强者可以观其志焉。礼以治之,义以正之,孝子,弟弟,贞妇,皆可得而察焉。

【注释】

①父母之丧:在为父母守孝三年的时候。实际上,下文说的仅是父丧的孝服。

②菅(jiān):茅草。

③三节:三个阶段。

【译文】

按照礼的规定,居丧时期和他人交往时,如果是穿着斩衰丧服的丧事,只发出“唯唯”的声音而不回答别人的问话;如果是穿着齐衰丧服的丧事,可以回答别人的问话,但不可主动问人;如果是穿着大功丧服的丧事,就可以主动问人,但不可以发表议论;如果是穿着缌麻、小功丧服的丧事,可以发表议论,但不能欢笑娱乐。在父母丧事的时候,要身穿孝服,头戴孝帽,帽带用麻绳编成,脚穿草鞋,父母过世三天以后,才可以喝点稀粥,父母过世三个月以后,才可以洗头,十三个月满一周年以后,才开始换上练冠,第三年过了大祥之祭以后,才开始恢复正常生活。这三个阶段全部完成以后,孝子如果是仁者,就可以从中看出他的爱心;孝子如果是智者,就可以看出他的理性;孝子如果是强者,就可以看出他的意志。用礼来治理丧事,用义来匡正丧事,是否为真正的孝子,是否为真正的敬兄爱弟,是否为真正的贞妇,都可以看得清清楚楚。